퍼즐을 이용한 창의성 교육

CREATIVITY EDUCATION USING PUZZLE

최재혁 | 조영환 지음

홍릉과학출판사

머리말

21세기는 격변하는 무한 경쟁의 시대입니다. 고도의 산업화, 정보화, 세계화의 거센 물결 속에서 당당하게 대처하고 적응하기 위해서는 빠른 판단력과 정확한 인지 능력이 필수적입니다. 이러한 능력을 키우기 위해 우리나라에서는 '창의적인 문제 해결력 향상'을 목표로 초등학교에서부터 교육을 해 오고 있습니다. 하지만 지금까지 학생들의 실제적인 사고력 증진을 위한 교육 과정이 제시되지 않은 채, 문제 해결력 향상만을 강조하여 왔습니다. 최근 들어 창의적인 문제 해결 능력(CPS : Creative Problem Solving ability) 향상을 위해 새로운 하나의 학문의 형태로 퍼즐을 이용한 교육을 시도하고 있습니다.

몇 년 전부터 미국에서는 교육 현장에서 다양한 퍼즐이 가진 특징을 활용하여 사람들의 사고 능력을 자극하고 개발시키기 위한 PIE(Puzzle In Education)라는 교수 프로그램을 진행해 오고 있으며, 전세계적으로도 퍼즐의 교육적 활용성에 대한 연구가 지속적으로 이루어지고 있습니다. 이와 같은 움직임은 급속적으로 발전하는 문명에 대한 불안감을 대변하는 것으로서 다양한 패러다임의 지속적인 변화에 보다 능동적으로 대처할 수 있는 능력을 개발시켜 줄 수 있는 교육으로의 변화가 절실하다는 위기감에서 비롯된 것입니다.

퍼즐이란 "문제를 풀어내는 일반적인 방법이나 공식이 알려져 있지 않은 혼란스러운 문제"를 말하는 것으로, 주어진 과제를 해결하기 위한 모든 사고 처리 과정 즉, 문제 해결 알고리즘(algorithm)을 자기 스스로 만들어 그 해답을 찾아내야만 하는 것이 바로 퍼즐입니다. 퍼즐을 풀어보는 것은 단순한 하나의 문제를 해결해 보는 경험이 아니라 모든 문제들이 일반적으로 가지고 있는 해결의 원리를 이해하는 의미 있는 교육으로, 실생활에서 직접 부딪히는 현실적인 문제들에 대한 해결책을 찾아냄으로써 내 스스로의 잠재 능력을 깨우치고 내 능력을 인정받을 수 있는 현실적인 교육입니다. 따라서 퍼즐을 이용한 교육은 입시 위주의 교육과정에서 얻기 힘든 자발적으로 학습 의욕을 자극하고 창의력을 개발하고 사고의 유연성을 키우는데 효과가 탁월하다는 의미에서 효과적인 교육 방법으로 새로운 학문의 자리를 잡아가고 있습니다.

"수학을 잘 못한다", "수학은 재미없다"

왜 못하는지를 한번 분석해 보십시오. 수학을 못한다고 입시 학원에서 수학을 몇 년 공부했다고 수학을 잘 하지는 않습니다. 왜 그럴까요? 근본적으로 생각하는 사고 능력을 향상시키지 않은 채, 수학의 문형을 외우거나 계산 능력만을 향상시키는 교육을 받기 때문입니다. 정말로 수학을 잘 하고 싶다면, 눈앞의 수학 성적에 연연하지 말고 내 스스로 생각할 수 있는 사고력 증진 교육에 시간을 투자하십시오. 1년 후에는 수학이나 과학 성적이 나도 모르는 사이에 올라가 있음을 알 수 있을 것입니다. 사고력 증진을 위한 가장 좋은 교육 방법이 바로 퍼즐을 이용한 교육입니다. 퍼즐을 푸는 동안 자신의 사고력이 향상되는 경험을 통해 자신감을 가지도록 하십시오.

많은 퍼즐 관력 책이 나와 있습니다만, 지금까지 이러한 퍼즐 교육이 제대로 실시되지 못한 가장 큰 이유는 대부분의 책들이 스도쿠, 논리 퍼즐과 같이 한 분야의 퍼즐만 다루고 있어 퍼즐을 교육적으로 활용할 수가 없었습니다. 즉, 다양한 분야의 퍼즐에 대한 자료를 교육적인 관점에서 체계적으로 집대성하지 못하였기 때문입니다. 본 교재에서는 학생들의 보다 실제적인 창의적 사고력을 증진시키기 위해 다양한 형태의 퍼즐을 교육적 효과를 고려하여 정보적 경험에 따른 분류로 알고리즘 퍼즐, 추론 퍼즐, 추상화 퍼즐, 창의력 퍼즐 총 4개의 대그룹으로 분류한 후, 기존의 형태적 관점의 분류인 그림 퍼즐, 격자 퍼즐, 공간지각 퍼즐, 수리 퍼즐, 추적 퍼즐, 절차 퍼즐, 패턴과 유추 퍼즐, 관계와 전략 퍼즐, 논리 퍼즐 총 9개의 퍼즐을 4개의 대분류에 포함시켰습니다. 그리고 각 분류별로 난이도가 낮은 쉽고 재미난 퍼즐 문제에서부터 점차 난이도가 높은 퍼즐 문제를 단계적으로 제시하여 문제를 푸는 데 흥미를 느낄 수 있도록 하였습니다.

우리나라에서는 지금 전국적으로 국민 개개인의 창의적인 문제해결 능력 향상을 목적으로 퍼즐 풀기 운동을 전개하고자 하는 '꿈드림 운동'이 시작되고 있습니다. 그리고 2010년부터 전국 퍼즐 경시대회가 개최되고 있으며, 이 대회 입상자들에게는 대학 입학 시의 특전 및 대기업 입사 시의 특혜도 주어지고 있습니다.

마이크로소프트, 구글 등과 같은 전세계적인 기업의 입사 시험도 퍼즐 문제를 출제하고 있으며, 우리나라의 대기업인 삼성의 SDS에서도 신입 사원들에게 입사 1년 동안 퍼즐 문제를 이용한 알고리즘 교육을 시행하고 있습니다. 왜 이렇게 퍼즐 교육을 중요시 하고 있는지 한번쯤은 생각해 볼 필요가 있지 않을까요?

2013년 10월

저자 씀

차례

기업체 입사 시험 문제

아래 문제는 우리나라 및 외국의 대기업체 입사 시험 문제입니다. 아래 문제 중 (1)번~(6)번 문제의 정답은 없고 여러분이 정답이라고 생각한 아이디어를 기술해야 합니다. (7)번 문제는 조금만 생각하면 풀 수 있으며, (8)과 (9)번 문제는 매우 어려운 문제입니다. 기업체에서는 왜 이러한 퍼즐 문제를 내어서 신입 사원을 뽑으려 할까요? 바로 논리적인 사고력을 가진 인재가 필요하다고 생각하기 때문입니다. 논리적이고 창의적인 사고력의 증진은 하루 아침에 이루어지지 않습니다. 이 책을 통해서 꾸준히 문제를 풀다 보면 나도 모르는 사이에 사고력이 증진되어 있음을 느낄 수 있을 것입니다. (7)~(9)번의 정답은 이 책의 [퍼즐 문제의 답]에 있습니다.

(1) 쌀 한 가마니에는 쌀이 몇 톨 들어 있을까요? (효성그룹)

(2) 서울 시내에는 몇 개의 주유소가 있을까요? (동부제강)

(3) 사진관에서 아이들을 웃게 하는 방법은 무엇입니까? (롯데 캐논)

(4) 서울에 있는 중국집 전체의 하루 판매량은 얼마입니까? (LG)

(5) 서울 시내 모든 건물의 유리창 청소 비용은 얼마입니까? (삼성)

(6) 스쿨 버스에 골프공을 몇 개 넣을 수 있을까요? (소니)

(7) 캄캄한 산 속에서 산악인 4명이 계곡을 가로지르는 위험한 다리 앞에 서 있다. 다리는 한 번에 한 사람 또는 두 사람이 지나갈 수 있으며, 위험을 피하는 데 필요한 손전등은 한 개뿐이다. 4명이 다리를 건너는 데 필요한 시간은 신체 조건에 따라 1, 2, 5, 10분으로 다르고, 두 사람이 한꺼번에 건널 때는 둘 중 느린 사람의 속도로만 건널 수 있다. 네 명이 모두 다리를 건너려면 최소 몇 분이 걸릴까요? (마이크로소프트)

(8) 양수 n에 대해서 1과 n 사이에 1이 나오는 횟수를 나타내는 함수를 $f(n)$이라고 한다. 예를 들어 $f(13) = 6$이다. $f(n) = n$이 되는 첫 번째 양수는 1이다. 두 번째 양수는 무엇인가요? (구글)

(9) 1부터 9999까지의 숫자(10진수)가 종이에 쓰여있다. 그런데 벌레가 종이를 파먹었다. 파 먹힌 곳은 공교롭게도 '0'이 있는 곳이다. 그래서 1200이나 3450이 12와 345로 보이고, 6078은 2개의 숫자로 나누어 져서 6과 78이 되었다. 벌레먹은 종이에서 보이는 숫자들을 모두 더하면 얼마인가요? (IBM)

사전 사고력 테스트

이 책을 시작하기 전에 여러분의 사고력이 어느 정도 수준인지를 미리 한번 테스트해 보세요. 테스트 시간은 20분이고, 답은 이 책의 [퍼즐 문제의 답]에 있습니다. 시간이 부족하면 더 많은 시간을 할애하여 문제를 풀어도 상관없습니다. 문제를 많이 풀지 못했다고 의기소침할 필요는 없습니다. 이 책을 공부한 후에는 분명 여러분의 사고력이 증진되어 있음을 느끼실 수 있을 것입니다. 사전 테스트에서 두 문제를 풀면 보통 수준이고 세 문제 이상을 풀면 상당한 수준의 사고력을 갖고 있습니다. 사전 테스트 문제는 가장 낮은 수준의 레벨 1에서부터 조금 높은 수준의 레벨 3까지의 문제만 출제되었습니다.

(1) 원탁의 기사(The knights of the round table) (레벨 1)

아서왕(king Arthur)은 자기 딸과 결혼시킬 기사(knight) 한 사람만 남기고 모두 탈락시키기로 하였습니다. 탈락된 기사는 죽임을 당했습니다. 1번 기사를 지나 2번을 탈락시켰습니다. 3번을 지나 4번을 탈락시켰습니다. 이렇게 둥근 탁자(원탁)를 돌면서 하나 건너 하나씩 탈락시켰습니다. 결국 마지막 5번 기사만이 살아남아서 공주와 결혼하고 아서왕의 뒤를 이어 왕이 되었습니다.

만약 11명의 기사가 있다면 몇 번째 앉아야 살아남아서 공주와 결혼할 수 있을까요?

(2) 코코넛 (레벨 1)

가까운 숲에서 온 종일 코코넛을 주워 모은 원숭이 3마리는 밤이 되자 너무 피곤하여 그 자리에서 잠이 들었습니다. 이튿날 아침, 일찍 일어난 원숭이 한 마리는 다른 원숭이를 방해하지 않으려고 코코넛을 3몫으로 나누어 한 몫은 집으로 가져갔습니다. 조금 후에 또 한 마리의 원숭이가 일어났습니다. 그는 처음의 원숭이가 한 일을 모르고 흩어진 코코넛을 모두 모은 다음 앞의 원숭이처럼 했습니다. 마지막에 일어난 원숭이도 똑같이 하여 자기 몫을 가지고 집으로 돌아갔습니다. 16개의 코코넛을 남겨 놓은 채로. 코코넛은 원래 몇 개가 있었을까요?

(3) 모빌 (레벨 2)

모빌이 평형을 이루려면 받침점에 작용하는 힘은 왼쪽과 오른쪽이 같아야 합니다. 받침점에 작용하는 힘은 거리와 추의 무게를 곱하여 구합니다.

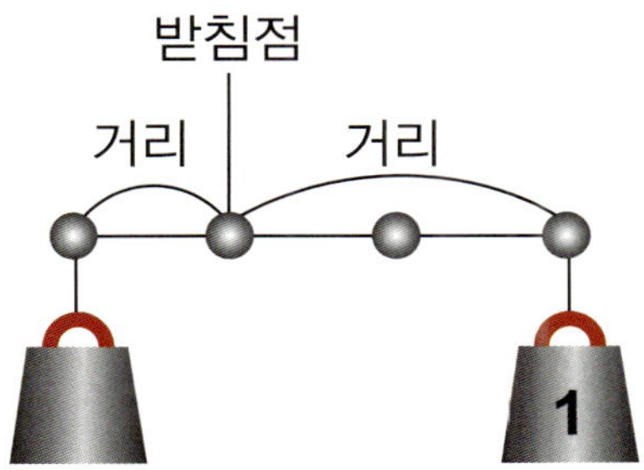

왼쪽 추의 무게가 얼마일 때 평형을 이룰까요?
예, 2그램일 때 평형을 이룹니다.

- 왼쪽이 받침점에 작용하는 힘 = 거리 × 추의 무게 = 1 × 2 = 2
- 오른쪽이 받침점에 작용하는 힘 = 거리 × 추의 무게 = 2 × 1 = 2

왼쪽과 오른쪽이 같습니다. 그러므로 평형을 이루게 됩니다.
아래 모빌에서 '?' 추의 무게는 얼마입니까?

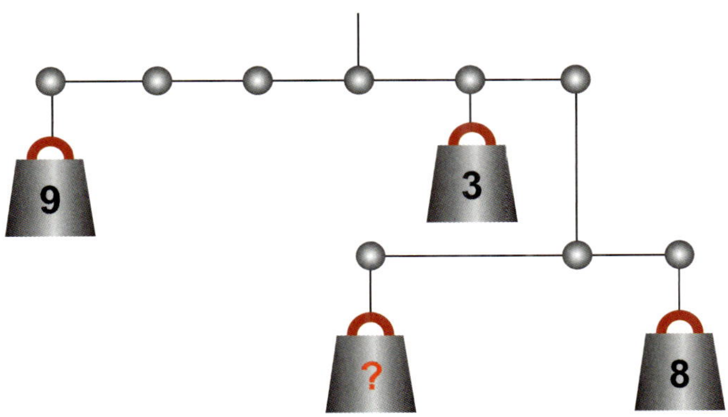

(4) 거북이 (레벨 2)

거북이 한 마리가 바다에서 35미터 떨어진 모래밭에 알을 낳고 바다로 돌아갑니다. 1분에 10미터를 가면 순식간에 5미터를 파도에 떠밀려옵니다. 거북이는 1분을 쉬면서 정신을 차리고 또 바다로 갑니다. 바다에 도착하려면 몇 분이 걸릴까요?

(5) 오토바이 (레벨 3)

평균 속도가 오르막은 90km/h, 내리막은 240km/h인 사이클 선수가 A에서 언덕을 넘어 B까지 갈 때는 75분 올 때는 90분이 걸렸습니다. A에서 B까지의 거리는 몇 km일까요?

01 퍼즐 교육의 필요성

우리나라에서 지난 7차 교육 개정안의 발효에 힘입어 기존의 암기력 위주의 학습에서 논리적인 사고를 바탕으로 하는 문제 해결력과 창의력 교육의 중요성이 크게 대두되면서 교육 현장에서 자연스럽게 다양한 퍼즐 학습의 교육적 가치가 주목을 받고 있습니다.

우리에게 잘 알려지지 않았지만, 몇 년 전부터 미국에서는 교육 현장에서 다양한 퍼즐이 가진 특징을 활용해서 사람들의 사고 능력을 자극하고 개발시키기 위해 PIE(Puzzle In Education)라는 교수 프로그램을 진행해 오고 있으며, 전세계적으로도 퍼즐의 교육적 활용성에 대한 연구가 지속적으로 이루어지고 있습니다. 이와 같은 움직임은 가속적으로 발전하는 문명에 대한 불안감을 대변하는 것으로서 다양한 패러다임의 지속적인 변화에 보다 능동적으로 대처할 수 있는 능력을 개발시켜 줄 수 있는 교육으로의 변화가 절실하다는 위기감에서 비롯된 것입니다.

이 장에서는 과연 퍼즐이란 무엇이며, 또 퍼즐의 어떤 특성이 창의적 문제 해결력을 높일 수 있는 것인지를 알아봅니다.

창의적 문제 해결력이란?

현재 우리 시대 교육의 화두는 창의력입니다. 창의력이라는 개념도 완전하게 분명하지 않은 상태에서 창의적으로 사고할 수 있는 사람이 된다는 것은 결코 쉬운 일이 아닐 것입니다. 많은 사람들이 창의력이라고 하면 지금까지 없던 무엇인가를 생각하고 만들어 내는 능력 정도로 막연하게 인식하고 있습니다. 중요한 것은 그 창의력을 어떻게 개발하고 발전시키느냐 하는 것입니다. 여기서 우리는 에디슨이 말한 "천재는 1%의 영감과 99%의 노력으로 이루어진다"를 인용해서 창의력에 대해 생각해 봅니다. 창의력이란, 1%의 반짝하는 아이디어와 99%의 현실화하려는 논리적인 사고의 구체화로 구성됩니다.

일반적으로 어떠한 문제가 주어지면, 우리는 그 문제를 해결하기 위해 문제가 무엇인지를 파악하고, 문제를 풀기 위한 조건과 환경을 살피고, 문제를 풀기 위해 내가 가진 자원이나 도구들을 점검하고, 문제를 해결하기 위한 다양한 전략을 세우고, 그 중에서 가장 효율적인 방법을 채택함으로써 문제를 해결하는 과정에 도달하게 됩니다. 이런 과정을 통한 문제 해결을 위해 분석적 사고력, 추상적 사고력, 논리적 사고력, 비판적 사고력 등이 필요하게 됩니다.

창의적 문제 해결력이란, 주어진 문제를 해결하는데 얼마나 다양한 사고의 영역을 스스로 활용하여 어렵더라도 끝까지 풀어내는 힘을 의미합니다. 문제 해결을 위한 단계는 사고의 단계, 구체적 적용점의 발견 단계, 문제 풀이의 단계, 검증의 단계로 나누어집니다. 창의적 문제 해결력에서 두 번째 단계인 구체적 적용점의 발견 단계까지가 창의적 단계라면, 그 다음 단계는 문제 해결의 단계로 수학적 지식이나 과학적 지식을 필요로 합니다. 이것을 두고 수학적 창의적 문제 해결력이라는 말을 붙이지만, 문제의 핵심은 구체적 적용점을 어떻게 찾아낼 수 있는가이고, 이 능력이 바로 창의적 문제 해결력입니다.

퍼즐이란 무엇인가?

퍼즐이란 "문제를 풀어내는 일반적인 방법이나 공식이 알려져 있지 않은 혼란스러운 문제"를 말하는 것으로, 스스로 문제를 해결하고자 하는 인간 심리에 의해 생긴 게임의 일종입니다. 아무리 어려운 수학 문제라도 그 문제를 풀어내는 공식이 알려져 있다면, 우리는 그 문제를 퍼즐 문제라고 부르지 않습니다. 주어진 과제를 해결하기 위한 모든 사고 처리 과정 즉, 문제 해결을 위한 알고리즘(algorithm)을 자기 스스로 만들어 그 해답을 찾아내야만 하는 것이 바로 퍼즐입니다.

퍼즐은 일반적으로 퍼즐러(퍼즐을 푸는 사람)가 흥미를 갖고 도전해 볼 만큼의 충분한 지적 동기를 내포하고 있으며, 그 지적 동기는 개인이 가지고 있는 하나 또는 그 이상의 잠재력에 자극을 주어 그 능력을 향상시킵니다. 즉, 퍼즐은 기억력보다는 직관력과 통찰력, 그리고 확산적 사고와 수렴적 사고를 통해 해결하게 됩니다.

퍼즐의 특성

"퍼즐이란 무엇인가"에서 설명한 것이 바로 퍼즐이 가진 가장 큰 특성으로 문제를 해결해 내기 위한 사고의 모든 처리 과정(알고리즘)을 나 스스로 알아내야 한다는 것입니다. 퍼즐의 특성을 설명하기 위해 지금까지 우리에게 사고하는 법을 가르쳐준 수학 교육과 비교해서 설명하면 쉽게 이해할 수 있을 것입니다.

지금까지 우리가 배워온 수학은 A란 문제를 풀어내기 위한 가장 합리적인 문제 해결 방법으로 공식의 개념을 이해하고 그 공식을 암기하고 있다가 그 공식을 이용하는 문제를 풀어내야 할 일이 생겼을 때 그 공식을 기억해 내서 그 공식에 의해 문제를 해결해 내도록 하는 일련의 과정에 초점을 맞춘 교육입니다. 반면에 대부분의 퍼즐 문제는 그 해답을 찾아가는 일련의 과정 즉, 문제 해결을 위한 경우의 수가 상당히 많이 존재하고, 그 중의 한 가지 방법으로 문제를 해결합니다. 그러나 내가 해결한 방법이 가장 효율적인 해결 방법이라고 말할 수는 없습니다. 이러한 문제의 해결 과정을 수학과 같이 일정한 식으로 표현할 수 있는 방법이 없기 때문에, 이러한 문제를 해결해 내기 위해서는 자기 스스로 문제의 해법을 찾아야만 합니다. 다시 말하면 수학은 문제를 해결해 내는 방법을 가르쳐 주지만, 퍼즐은 그 문제 해결 방법을 스스로 알아내야 합니다. 그런 이유로 한 학생이 퍼즐을 풀고 있는데 누군가가 그 퍼즐을 풀어내는 방법을 알려 주었다면, 그 학생에게 있어서는 더 이상 퍼즐 문제가 아니게 됩니다. 퍼즐의 주된 특성이 제거된, 그냥 일반적인 문제가 되어 버리게 됩니다.

따라서 퍼즐 문제는 다른 사람에게 묻지도 말고, 어떠한 힌트도 얻으려고도 하지 말고, 오직 자기 스스로의 힘으로 풀어야만 논리적 사고력의 증진 효과를 볼 수 있습니다.

퍼즐 교육, 과연 필요한 것인가?

그렇지 않아도 해야 할 공부가 차고 넘쳐 시간이 부족한 학생들에게 꼭 퍼즐 교육까지도 배워야 하는지, 퍼즐 교육을 위해 시간을 투자하는 것이 과연 바람직한지 의문을 가질 것입니다. 결론부터 말하자면 퍼즐 교육은 반드시 필요한 교육이고, 어떤 다른 교육보다도 현실적으로 더 필요하고 중요한 교육입니다. 왜 중요한지를 알아봅니다.

첫째, 논리적 사고력을 신장시킬 수 있습니다. 세상의 모든 퍼즐은 일정한 논리적인 구조를 바탕으로 만들어졌기 때문에, 각 퍼즐의 논리적인 구조를 완전하게 이해하지 못하면 그 퍼즐을 풀어 낼 수 없습니다. 퍼즐을 풀어내기 위해서는 퍼즐을 구성하고 있는 각각의 요소들을 논리적으로 관찰하고, 분석하고, 비교하고, 추리하는 동안 자연스럽게 문제 해결 능력이 향상됩니다. 문제를 해결해 가는 과정에서 성취감과 도전 의식이 고무되며, 학습에 대한 집중력과 지구력을 동시에 기를 수 있습니다. 따라서 여러 가지 종류의 퍼즐을 풀어가다 보면 문제 해결의 일반적인 과정에 익숙해지게 되는데, 그 과정이 우리가 삶을 살아가면서 풀어야 할 모든 문제의 해결 과정과 크게 차이가 없습니다.

둘째, 퍼즐을 풀어보는 것은 단순한 하나의 문제를 해결해 보는 경험이 아니라 모든 문제들이 일반적으로 가지고 있는 해결의 원리를 이해하고 익숙해져 가는 의미 있는 교육으로, 실생활에서 직접 부딪히는 현실적인 문제들에 대한 해결책을 찾아냄으로써 내 스스로의 잠재 능력을 깨우치고 내 능력을 인정받을 수 있는 현실적인 교육입니다. 따라서 퍼즐을 이용한 교육은 입시 위주의 교육과정에서 얻기 힘든 자발적으로 학습 의욕을 자극하고 창의력을 개발하고 사고의 유연성을 키우는데 효과가 탁월하다는 의미에서 효과적인 교육 방법으로 새로운 학문의 자리를 잡아가고 있습니다.

셋째, 퍼즐은 환경적 제약이 없고, 전문 지식이나 선수 지식이 필요 없습니다. 따라서 나이나 실력에 상관없이 누구나 흥미와 재미를 느끼면서 풀 수 있습니다. 또한 문제를 스스로 풀었을 때의 희열을 맛볼 수 있습니다.

아래 몇 가지의 예를 통해 퍼즐 교육이 얼마나 필요한 교육인가를 알아봅니다.

1) 정보의 유한성

앨빈 토플러의 최근 저서인 "부의 미래"에서 밝힌 것과 같이 지나치게 빠른 속도로 변화해가는 오늘날에 있어서의 정보는 그 유효성과 가치가 계속해서 확대되고 있습니다. 지금과 같은 정보화 사회에서 내가 가진 정보를 신뢰할 수 없다는 것은 눈을 감고, 귀를 막고 살아가는 것과 같다고 할 수 있습니다. 그래서 미래를 살아가야 할 우리는 잠시도 쉬지 못하고 끊임없이 새로운 정보를 수집하고 그 진위를 판별하고 그 가치를 판단해 내는 작업을 멈출 수가 없습니다. 이와 같이 중요한 정보 처리 능력은 지금과 같은 수동적인 교육 여건 하에서는 그 개발이 결코 쉽지 않습니다. 스스로가 집중해서 해결책을 찾는 능동적인 학습을 가능하게 해 주는 퍼즐 교육을 통해 고차원적인 정보 처리 능력을 향상시킬 수 있습니다.

2) 창의성의 가치성

과거 개발도상국 시절 우리나라도 저임금을 기반으로 노동 집약적인 산업을 통해 선진 산업사회로의 기틀을 마련했으며, 지금은 대기업을 중심으로 한 치열한 연구 개발에 힘입어 현재는 기술 집약적 산업의 최선진국 대열에 당당히 동참하고 있습니다. 각종 첨단 산업 분야에서 우리나라가 가진 기술은 다른 나라의 기술을 모방한 차원을 넘어 이미 다른 나라들의 추격을 받아야 하는 최고의 위치에 도달해 있습니다. 지금과 같은 국가 경쟁력을 보다 확고히 하고 더 나아가 대한민국의 국가 위상을 더욱 공고히 하기 위해서는 지금보다도 더 경쟁력 있는 인적 자원의 개발이 우리의 유일한 투자 전략이 될 수밖에 없으며, 그런 의미에서 우리들의 창의력 개발은 더 이상 미룰 수 없는 과제가 되었습니다.

퍼즐 문제를 풀어가는 과정이 우리가 삶을 살아가면서 풀어야 할 모든 문제의 해결 과정과 크게 차이가 없기 때문에, 다양한 퍼즐 문제를 풀어가면서 향상된 논리적 사고력을 기반으로 현실 세계에서 직면하는 문제를 해결할 수 있는 창의성을 발휘할 수 있게 될 것입니다.

3) 문제 해결 능력

창의력이란 합리적이고 효율적인 사고를 통해 최선의 가치를 창출해 가는 끝없는 구체화의 연속 과정입니다. 이것이 곧 우리가 말하는 문제 해결 능력으로 문제를 해결해 가는 과정은 앞에서 언급한 네 가지의 절차 즉 관찰, 분석, 비교, 추리에 따라 진행하게 됩니다.

- 관찰 : 모든 유용한 정보에 대한 수용 절차.
- 분석 : 수집된 정보의 가치에 대한 분석 절차.
- 비교 : 자료화(데이터화) 된 정보의 평가와 선택 절차.
- 추리 : 미래 시장의 예측과 트랜드 개발 절차.

퍼즐을 푸는 동안 위의 과정을 계속해서 순환 반복하는 훈련을 통해 세상에 새로운 가치와 비전을 제시해 갈 수 있는 능력이 바로 창의력을 향상할 수 있습니다. 우리나라의 미래를 우리들의 능동적인 창의성으로 변화시킬 수 있습니다.

4) 논리적으로 사고할 수 있는 능력

유일하게 인간만이 논리적으로 사고할 수 있습니다. 논리적인 사고란 눈에 보이지 않는 것을 분명하게 볼 수 있게 해주는 힘으로, 논리적인 사고만이 우리의 생각을 구체화시키고 발전해 나갈 수 있도록 해줍니다. 모든 정보를 최대한 논리적으로 활용할 수 있는 능력이 바로 미래를 당당하게 열어 갈 수 있는 힘이 되는 것입니다. 이러한 논리적인 사고의 개발은 수동적인 학습에서 배울 수 있는 것이 아니라, 능동적인 탐구 활동에서 비롯됩니다. 퍼즐을 풀 때 자율적인 사고 환경 속에서 고도로 몰입해 보는 경험을 할 수 있으며, 그 경험을 통해 논리적인 사고 능력이 개발되고 그 유효성을 인지할 수 있게 됩니다.

자기 스스로의 탐구 과정에서 체험하게 되는 시행과 착오의 발견 과정 속에서 거듭된 경험을 통해 스스로 발견하게 되는 문제의 구조와 특성에 대한 인식은 단순한 하나의 지식으로 끝나는 것이 아니라, 각 개인이 끝없이 해결해 가야 할 문제들에 대한 해결 패턴 즉, 개성 있는 문제 해결 알고리즘으로 나타나고 작용하게 됩니다. 큰 프로젝트의 진행 과정 중에 단 하나의 비논리라도 포함되어 있다면 그 프로젝트는 완벽하다고 할 수 없으며, 언젠가 어디선가 분명히 문제를 야기하게 됩니다. 그런 이유로 모든 사고는 철저하게 논리적으로 진행되어야만 하는데, 퍼즐 푸는 연습을 통해 이러한 논리적 사고의 개발을 가능하게 해 줍니다.

두뇌를 깨우는 퍼즐 학습법

아무리 소란스럽고 부산한 사람이라도 게임을 할 때에는 조용하게 집중하는 것을 볼 수 있습니다. 그러나 이는 학습이나 차분한 음악을 들으며 집중하는 것과 달리 게임을 하면 얼핏 두뇌를 사용하여 집중하는 것처럼 보이지만 실제로는 오히려 두뇌 활동량이 적어지고 집중력이 저하되어집니다. 대부분의 컴퓨터 게임은 초기에는 뇌의 활동량을 급격하게 증가시키지만 그 단계를 넘어서면 갑자기 비효율적으로 움직이게 됩니다. 게임이 웬만큼 몸에 익은 뒤에는 생각보다는 반사 신경으로 플레이하게 되어 뇌의 기능을 시각과 몸의 기능으로 대체하는 것입니다. 이러한 부분은 우리 아이들의 학습에도 같은 반응을 하게 됩니다.

반복되는 학습 특히 계산을 하는 수학의 경우는 집중력과 계산력을 키우기 위해 같은 문제를 반복적으로 풀도록 하는 학습 방법을 강요하지만, 이는 잘못된 학습 방법입니다. 수학은 계산이 전부가 아니고 흥미를 일으키는 요인과 두뇌를 지속적으로 사용하여 지적 성취감을 만들어 주는 것이 더욱 중요합니다.

"수학은 재미없어!" 라고 하는 아이들에게 목적도 없이 단순히 계산 능력만 양산하는 방식은 수학에 대한 거부감을 느끼게 합니다. 한자를 공부할 때 같은 한자를 10번 이상 쓰면서 의미를 생각하고 단어를 조합하여 문장을 만드는 것이나 영어처럼 상황에 따른 문장을 통째로 암기하는 방법을 수학에 적용할 수는 없습니다. 암기력을 요하는 영어, 한자와 달리 개념과 원리를 깨우치는 수학은 계산 능력이 필요하지만, 문제를 해결하기 위해 계산 연습을 할 필요는 없습니다. 일부 계산 학습법은 단순히 연습을 하고 빨리 계산을 하기 위해서 노력합니다. 빠른 계산을 하는 것은 좋지만 그렇다고 수학 자체를 잘하게 되는 것은 아닙니다. 오히려 공부를 지루하고 재미없다고 생각하는 느낌만 주게 됩니다.

퍼즐의 경우 하나의 문제를 풀면서 문제를 해결해 나가는 능력과 문제를 풀고 났을 때의 성취감, 충족감은 이루 말할 수 없이 큽니다. 또한 더 어려운 문제에 대한 도전 의욕이 생기게 하는 동기를 유발하게 됩니다. 퍼즐은 세계적으로 영재교육 교재로 사용 중이며, 일본, 미국, 프랑스 등 선진국에서는 퍼즐을 활용한 수학 교육이 이미 10년 전부터 활용되고 있고 2006년 국내에서도 교육인적자원부에서 퍼즐을 활용한 에듀테인먼트 대회를 개최하고 있습니다.

퍼즐 공부 이렇게 해 보세요

1. 매일 조금씩이라도 꾸준히 하는 것이 필요합니다. 본인이 해야 할 페이지를 정해서 매일 하는 것을 원칙으로 합니다. 한 번에 몰아서 한다거나 가끔 하는 경우에는 효과를 볼 수 없습니다.

2. 머리가 맑아지는 아침 시간 또는 학교 수업 전 5분~10분 동안에 풀어보면 어느덧 집중력이 향상됩니다.
3. 주변 환경을 조용하게 하여 TV, 라디오, 컴퓨터 등이 없이 자신만의 공간에서 혼자서 풀어볼 수 있도록 합니다.
4. 가족 또는 친구와 함께 누가 먼저 푸는지 경쟁해 보세요. 비교할 수 있는 대상이 생기면 성취감도 더 높아집니다. 그리고 가족이나 친구에게 풀었던 방법을 꼭 설명하십시오. 내가 풀이 방법을 설명하면서 푸는 방법에 대한 개념과 체계를 명확히 할 수 있습니다.
5. 시간과 기록을 매번 확인합니다. 그래프의 추이를 보고 자신의 두뇌에 대한 평가를 확인합니다.

02 퍼즐의 분류

이 장에서는 퍼즐을 분류하기 위해 고려대학교의 정보창의교육연구소에서 제시한 정보적 경험을 토대로 한 퍼즐 분류 방식에 형태적 관점에서 분류했던 기존의 분류 방식을 통합하여 분류하였습니다. 정보적 경험에 따른 분류는 크게 알고리즘 퍼즐, 추론 퍼즐, 추상화 퍼즐, 창의력 퍼즐 총 4개의 그룹으로 분류하며, 형태적 관점의 분류는 그림 퍼즐, 격자 퍼즐, 공간지각 퍼즐, 수리 퍼즐, 추적 퍼즐, 절차 퍼즐, 패턴과 유추 퍼즐, 관계와 전략 퍼즐, 논리 퍼즐 총 9개의 퍼즐로 분류합니다. 통합한 퍼즐 분류의 특징은 다음과 같습니다.

- **창의력 퍼즐** : 퍼즐을 조작하고 문제를 해결하는 과정에서 새로운 사실을 발견해내고 자신만의 문제 해결 과정을 설계할 수 있으며, 더 나아가 다른 문제 유형까지도 직접 만들어 보는 창의적인 문제 해결 과정을 경험하게 합니다.
  - **그림 퍼즐** : 그림을 이용한 퍼즐로 숨은 그림 찾기, 다른 그림 찾기, 헤아리기 등의 퍼즐이 있습니다.
  - **공간지각 퍼즐** : 머리 속에서 상상을 펼쳐 공간 지각력을 향상시키는 퍼즐로, 성냥개비 퍼즐, 떼어놓기 퍼즐, 완성하기 퍼즐, 다른 모양 찾기 퍼즐, 마당 퍼즐, 펼치기 및 접기 퍼즐, 테트리스와 폴리오미노 퍼즐 등이 있습니다.
  - **추적 퍼즐** : 시작점에서 도착점까지의 길을 따라 가는 퍼즐로, 미로 퍼즐과 미궁 퍼즐 등이 있습니다.
- **추상화 퍼즐** : 문제 해결 과정에서의 관찰이나 분석을 통해 주어진 조건을 바탕으로 특징들을 분석하여 그들 간의 관계 속에서 규칙이나 패턴을 찾아내고 일반화시켜서 문제를 해결하는 과정을 경험하게 합니다.
  - **수리 퍼즐** : 간단한 수학적 계산만으로 답을 구하는 퍼즐로 계산 퍼즐, 네 개의 4 퍼즐, 나이 퍼즐 등이 있습니다.

- **패턴과 유추 퍼즐** : 주어진 그림의 흐름을 파악하고 유추하여 답을 구하는 그림 유추 퍼즐과 주어진 숫자의 반복 패턴 원리를 파악하여 답을 구하는 수 유추 퍼즐로 나누어집니다. 그림 유추 퍼즐은 그림 유추, 도형 유추, 패턴 유추 등이 있으며, 수 유추 퍼즐은 마방진, 수열 퍼즐, 원안의 숫자맞추기 퍼즐 등이 있습니다.

• **알고리즘 퍼즐** : 알고리즘 설계에 기초하여 문제 상황에서의 제약 조건을 명확하게 인식하고 분석 및 해석을 통해 가장 효율적인 문제 해결 방법을 탐색하는 과정을 경험하게 합니다.

- **절차 퍼즐**: 문제를 풀기 위해 한 단계씩 순서에 의해 차례대로 풀어가는 퍼즐로 물항아리 퍼즐, 모래시계 퍼즐, 무게 균형 퍼즐, 균형 퍼즐 등이 있습니다.
- **관계와 전략 퍼즐** : 문제를 해결하기 위해 문제의 맥락(key point)을 찾아내는 전략을 세우는 퍼즐로 하노이 타워, 다리 건너기, 선교사와 식인종 등의 다양한 퍼즐 문제가 있습니다.
- **조작 퍼즐** : 도구로 만들어진 상용 퍼즐을 직접 조작해 봄으로써 관찰 및 분석 능력을 키울 수 있으며, 문제 해결의 키(key)를 발견하는 과정에서 퍼즐에 대한 흥미를 높일 수 있습니다. 조작 퍼즐로는 캐스트 퍼즐, 탱글먼트 퍼즐 등이 있습니다.

• **추론 퍼즐** : 논리적 사고력과 추론 능력을 바탕으로 주어진 문제 상황을 분석하여 가능한 모든 답을 모색한 후 단계적 분석을 통해 모든 조건에 부합하는 문제 해결 방법을 추론하는 과정을 경험하게 합니다.

- **격자 퍼즐** : 가로 세로로 바둑판 모양을 이룬 낱낱의 네모꼴 형태의 격자를 이용한 퍼즐로 스도쿠, 노노그램 등이 있습니다.
- **논리 퍼즐** : 사고력 증진의 핵심인 논리를 찾아내는 훈련을 하는 퍼즐로 색깔 찾기, 거짓말쟁이, 생각 뒤집기, 사고의 모순 찾기 등의 다양한 유형의 많은 퍼즐 문제들이 존재합니다.

이 책의 퍼즐 문제들 중에서 정말 좋은 주옥같은 문제, 그래서 꼭 풀어 봐야만 하는 문제, 주변의 친구들에게 추천하고픈 문제들에는 중요도에 따라 ★, ★★, ★★★를 해 두었으니 참고하기 바랍니다.

03 창의력 퍼즐

창의력 퍼즐이란 퍼즐을 조작하고 문제를 해결하는 과정에서 새로운 사실을 발견해내고 자신만의 문제 해결 과정을 설계할 수 있으며, 더 나아가 다른 문제 유형까지도 직접 만들어 볼 수 있는 퍼즐입니다. 창의력 퍼즐은 실제 생활에서 마주치게 되는 문제 상황에서 다양한 시각과 깊은 사고로 문제를 해결할 수 있으며, 다른 종류의 퍼즐보다 손을 이용하여 해결하는 퍼즐의 수가 다양하여 흥미 및 동기를 유발시켜 학생들 스스로 문제를 해결하려는 의지와 집중력을 향상시킵니다.

3.1 그림 퍼즐

그림 퍼즐은 숨은 그림 찾기, 다른 그림 찾기, 헤아리기 등의 퍼즐이 있으며, 집중력과 관찰력을 키울 수 있습니다.

(1) 다른 그림 찾기

SPOT the DIFFERENCE

다른 그림 찾기는 두 개의 그림에서 서로 다른 부분을 찾는 문제입니다. 어려운 문제는 아니지만, 얼마나 빠른 시간에 두 그림에서 다른 부분을 찾느냐 하는 것이 관건입니다. 주변에 있는 친구들과 함께 풀어보세요. 이러한 문제를 풀면 집중력과 관찰력을 키울 수 있습니다.

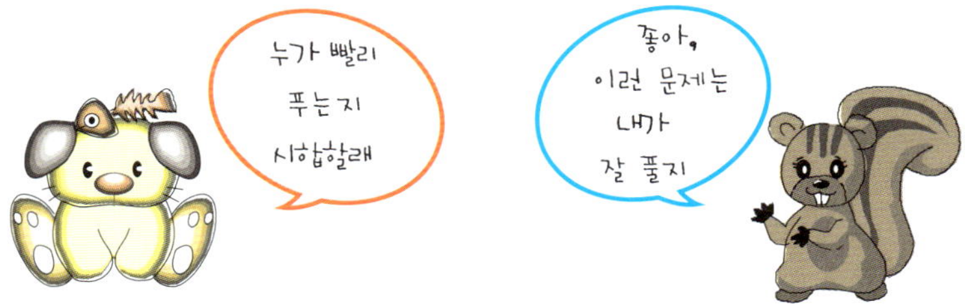

문제 3-1 자유와 독립을 상징하는 날아가는 제비를 전통 문양으로 그렸습니다. 다른 곳은 어디입니까? (레벨 1)

문제 3-2 '미스 낙타'의 그림에는 몇 군데의 다른 곳이 있습니까? (레벨 1)

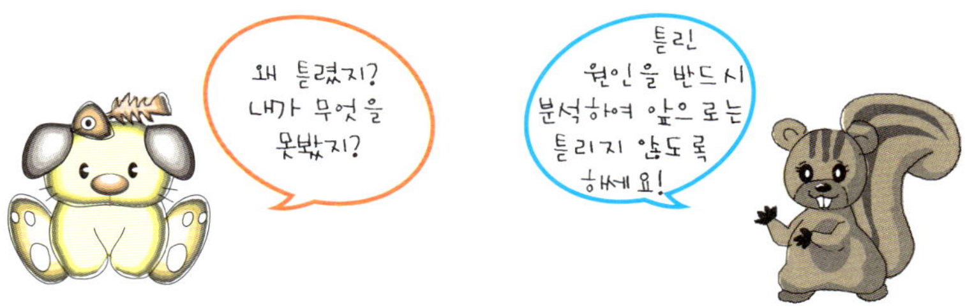

문제 3-3 ▌ '행복한 우리 집' 에서 다른 곳 11개를 모두 찾아보세요. (레벨 2)

문제 3-4 ▌ 우주선 설계도 : 세계 퍼즐 연합(WPF)의 보기 문제

3개의 그림 중에 하나는 원본 우주선 설계도이지만 나머지 2개의 그림은 모방하여 그린 것입니다. 모방한 그림은 꼭 10군데가 원본과 다르다. 원본 그림은 어느 것인가? 어떻게 원본을 찾을 것인지 찾는 방법을 글로 기술하라. (레벨 4) ★★★

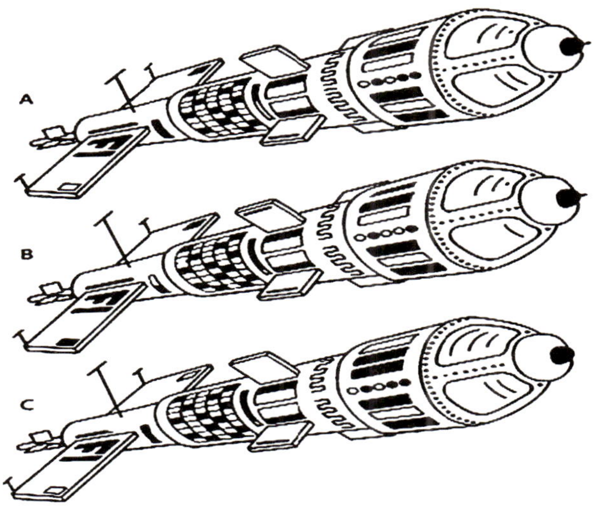

※ 위 문제를 먼저 풀기 전에는 아래의 [퍼즐 풀이 과정]을 절대로 읽지 마시오.

문제 3-4 | 풀이과정

이 우주선 설계도 퍼즐 문제를 풀기 위해 여러분은 어떤 방법을 사용했는가? 혹시 A가 원본이다라고 가정하고 B와 C에서 A와 다른 곳을 찾아 다른 곳이 10개인지를 확인한 후, 다른 곳이 10군데가 아니면 B가 원본이다라고 가정하고 같은 방법으로 찾으려고 하지 않았는가?

이 문제는 언뜻 보면 쉬운 것 같지만, 상당히 사고를 요구하는 문제입니다. 위의 방법으로 문제를 풀었다면 생각보다 이 문제를 푸는데 시간이 많이 걸릴 것입니다. 또한 A를 원본이라 가정하고 B와 C에 다른 곳을 그림에 표시한 후 아닌 경우, B를 원본이라 하고 A와 C에 다른 곳을 표시하려니 그림이 아주 복잡해 질 수밖에 없고, 심지어는 색깔을 이용하여 표시한 사람들도 있을 것입니다.

Think and Think | 생각하고 또 생각하자

퍼즐은 문제를 풀기 전에 내가 어떻게 하면 다른 사람들보다 빨리 그리고 효율적으로 풀 것인지에 대한 전략을 미리 생각해야만 합니다.

그렇다면 여러분들은 여러분들이 생각한 방법이 좋은 방법이 아니다라고 가정하고 보다 더 좋은 방법이 무엇인지를 지금 다시 생각해 보시오.

다른 방법을 생각했다면, 처음의 방법과 비교해 보시오.

그리고 나서 아래의 방법과 비교해 보시오.

① 우주선 A, B, C에서 서로 다른 부분을 모두 찾아라(16곳)

② 10개가 다른 두 우주선을 찾아라.

쉬었다 가세요

수레 미는 남자

난이도 ★☆☆☆☆

땀을 뻘뻘 흘리며 앞뒤에서 수레를 밀고 끌며 경사가 심한 언덕을 오르는 두 사람이 있습니다. 먼저 앞에서 수레를 끌고 있는 사람에게 "뒤에서 밀고 있는 사람이 당신 아들입니까?"라고 물어보자 "그렇습니다."라고 대답했습니다. 하지만 뒤로 가서 아들에게 "앞에서 수레를 끌고 있는 사람이 당신 아버지입니까?"라고 물어보자 "말도 안 됩니다."라고 대답하는 것이 아닙니까. 그렇다면 두 사람은 어떤 관계일까? (제한시간 1분)

(2) 숨은 그림 찾기(Spot the hidden pictures)

문제 3-5 월리(wally)란 '바보, 멍청이'란 뜻으로 모양이 다른 벌레를 의미합니다. 아래 그림에서 월리가 어떤 벌레인지 찾으시오. (레벨 2)

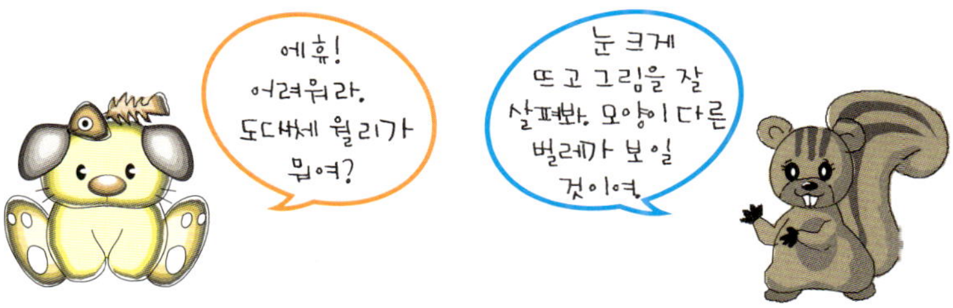

문제 3-6 꼭꼭 숨은 그림을 찾아보세요.

(1) 어디에 있습니까? (레벨 1)

숨은그림

제트기
알파벳 S자
나비넥타이
국자

(2) 어디에 숨어 있을까요? (레벨 2)

동전 종이 통과

숨은 그림 찾기는 좀 쉬웠나요? 집중하여 숨은 그림을 찾다 보면, 나도 모르는 사이에 찾는 속도가 빨라짐을 느낄 수가 있을 것입니다. 그만큼 나의 집중력이 높아졌다는 것을 의미합니다. 그리고 숨은 그림 제목을 보고 그림 전체에서 어느 위치에 숨겨 놓았을까 라고 생각하는 추측의 정확성도 높아졌음을 의미합니다.

난이도 ★★☆☆☆

한 장의 종이에 정확히 100원짜리 크기의 구멍이 뚫려 있습니다. 종이를 찢지 않고 500원짜리 동전이 이 구멍을 통과하게 하려면 어떻게 해야 할까요? (제한시간 3분)

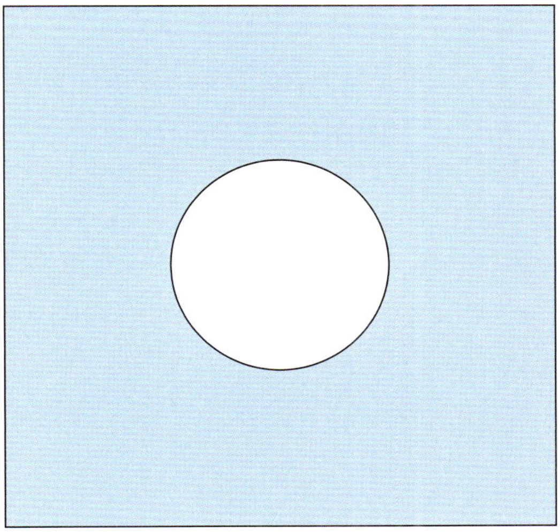

3.2 공간지각 퍼즐

공간지각 퍼즐은 그림을 그대로 그리고 잘라서 직접 손으로 구현해 보는 과정을 거쳐 공간에 대한 훈련이 충분히 이루어지도록 한 후, 머리 속으로 공간을 그려서 눈으로 보고 바로 답을 찾아낼 수 있도록 합니다. 즉, 다양한 도형에 대한 기초적인 지식을 쌓고 공간의 분할과 통합 실험을 통해 공간에 대한 인식과 구성 능력의 개발을 꾀할 수 있습니다. 또한 답을 구하는 과정에서 다양한 가능성에 대해 논리적으로 추리하고 연산하게 되는데, 그 경험이 창의적인 문제 해결 능력의 기초가 되는 자율적이고 활동적인 사고 기술로 발전시켜 줍니다. 이런 유형의 퍼즐을 풀어 보는 것은 단순한 하나의 문제를 해결해 보는 경험이 아니라, 일반적으로 모든 문제들이 가지고 있는 해결 원리를 이해하도록 하는 의미 있는 교육이 될 것입니다.

(1) 성냥개비 퍼즐

공간 지각력을 대표할 수 있는 성냥개비 퍼즐은 우리 주변에서 쉽게 구할 수 있는 성냥개비가 일정한 길이로 통일되어 있다는 특성을 활용하여 교육적으로 응용한 것입니다. 대부분의 성냥개비 퍼즐은 주어진 공간에서 제시되는 조건에 따라 재구성해 가는 형식(성냥개비 몇 개를 옮겨서 다른 모양을 만드는 과정)으로 문제의 해답을 구하게 됩니다. 직접 성냥개비를 가지고 이리 저리 움직이는 많은 시행착오를 겪으면서 문제에 대한 정답을 찾아내게 되는데, 이러한 과정을 통해 도형감각을 키울 수 있으며 창의성이 자연스럽게 길러지게 됩니다.

문제 3-7 성냥개비 3개를 움직여서 왼쪽으로 가고 있는 물고기를 오른쪽으로 가게 하여 보시오. (레벨 2)

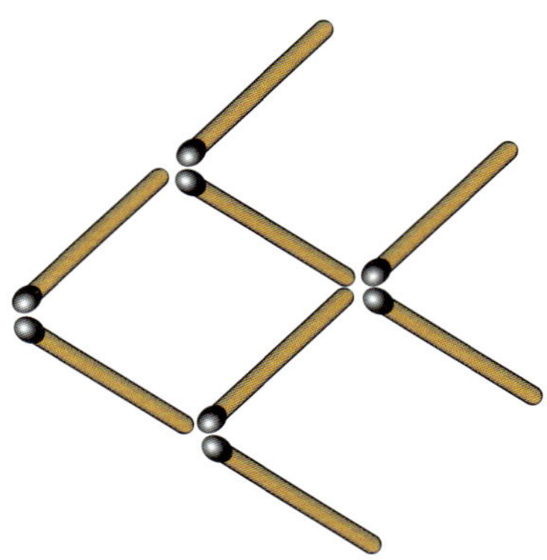

문제 3-7 | 풀이과정

위 문제에 대해 어떠한 전략을 쓰면 보다 쉽게 답을 구할 수 있을까요? Think.

어렵지 않은 문제이니까, 분명 여러분은 답을 구했을 것입니다. 하지만, 오른쪽 방향의 물고기 그림을 먼저 그리고 문제를 풀었다면 훨씬 빨리 그리고 쉽게 답을 구했을 것입니다. 그림을 그려보시오. 그리고 다시 풀어보시오.

하지만 반성하라. 왜 이 생각(전략)을 미처 하지 못했을까를.

아래의 문제를 내가 완전히 해결하지 않고 답을 먼저 보는 일은 절대 없도록 하세요. 풀이 과정은 풀다가 잘 풀리지 않을 경우만 보도록 하세요. 시간이 걸리더라도 반드시 내 힘으로 해결해야만 나의 공간 지각력을 키울 수 있습니다.

문제 3-8

2개를 움직여서 쓰레받기의 안쪽에 있는 쓰레기를 밖으로 나오게 하여 보시오.(레벨 2)

문제 3-8 | 풀이과정

위 문제에 대해서도 미리 쓰레기가 바깥으로 나와 있는 그림을 먼저 그려 본 후, 문제를 풀었나요? 내가 남들과 다른 생각을 하는 것, 보다 효율적인 방법을 찾는 것, 이것이 창의성을 향상시키는 기본입니다.

문제 3-9 4개를 움직여서 정삼각형 3개를 만들어 보시오. (레벨 2)

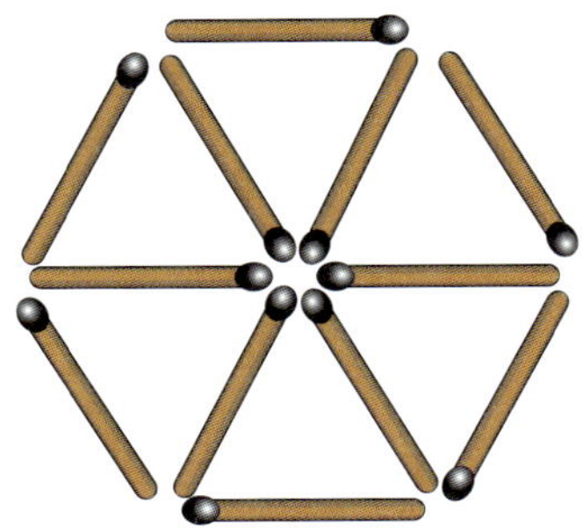

문제 3-9 | 풀이과정

위 문제에 대해 어떠한 전략으로 문제를 풀었나요? 먼저 위의 그림에서 유추하여 만들 수 있는 3개의 정사각형을 먼저 그림으로 그려 보세요. 모든 문제를 풀 때 바로 문제를 푸는 것이 아니라, 나는 어떠한 전략을 가지고 풀었나 하는 것이 무엇보다도 중요합니다.

문제 3-10 2개를 움직여 5개의 정사각형을 같은 크기의 4개의 정사각형으로 바꾸어 보세요. (레벨 2)

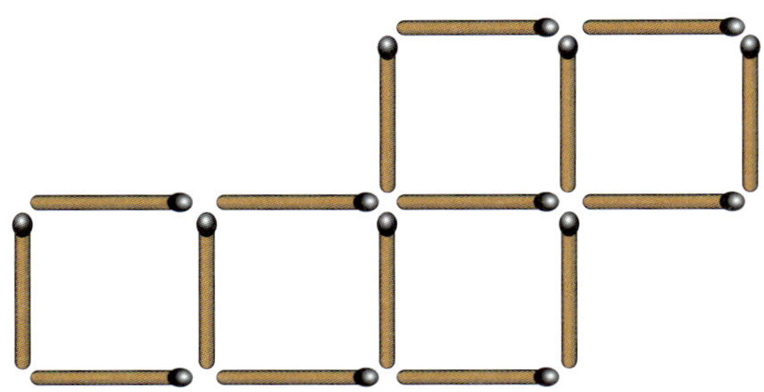

문제 3-10 | 풀이과정

위 문제에 대해 당신은 어떠한 전략을 세웠나요? 위 그림과 가장 유사한 정사각형 4개의 그림을 무엇이든 그려보세요. 그렇게 하다보면 저절로 답이 찾아질 거예요.

문제 3-11 3개를 움직여서 정사각형 3개를 만들어 보세요. (레벨 2)

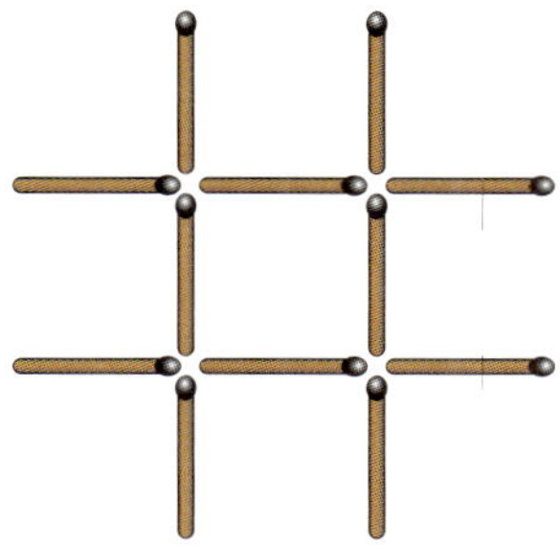

문제 3-7 | 풀이과정

위 문제에 대해서는 이제 쉽게 전략을 세울 수 있겠지요. 위 그림에서 유추하여 만들 수 있는 3개의 정사각형 그림을 무엇이든 그려보세요. 그렇게 하다보면 저절로 답이 찾아질 거예요.

문제 3-12 성냥개비 4개를 부러뜨리거나 겹치게 놓지 않고 사각형을 같은 면적의 두 부분으로 나누어 보세요. (레벨 3)

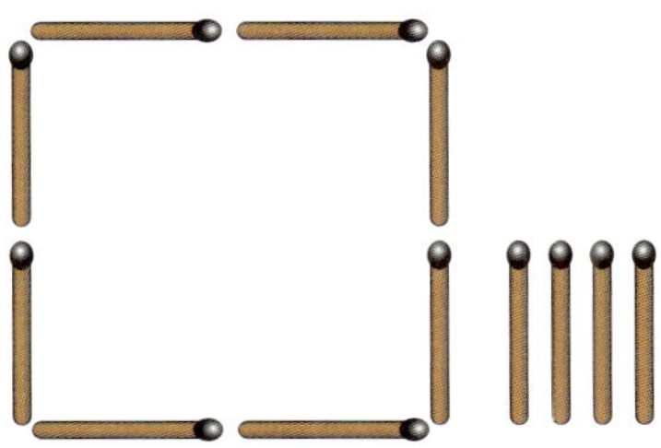

문제 3-7 | 풀이과정

지금까지의 문제보다는 조금 더 어려운 문제예요. 하지만 이 문제가 조금 어렵게 느껴진다면, 즉 잘 풀리지 않는다면, 내가 항상 한쪽 방향으로만 생각하고 반대 방향은 생각하지 못하는 사고의 경직에 원인이 있어요. 즉, 지금까지의 문제는 항상 성냥개비를 가로 세로 방향으로만 놓고 문제를 풀었기 때문이에요. 가로 세로가 아니라면 어떤 방향으로 성냥개비를 둘 수 있을까요? 비스듬히. 네 개의 성냥개비로 대칭을 만들면 쉽게 풀 수 있어요.

문제 3-13 3개를 움직여서 정삼각형 4개, 2개를 움직여서 정삼각형 5개를 각각 만들어 보세요. (레벨 4)

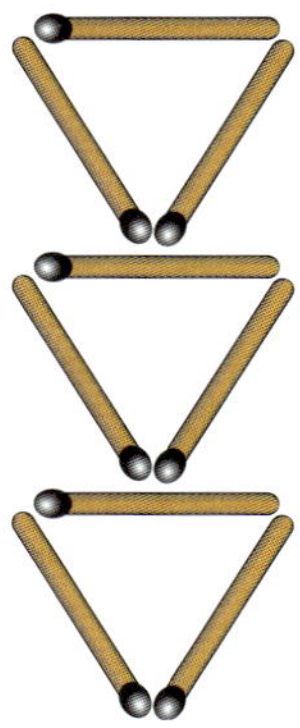

(2) 떼어놓기(Seperating) 퍼즐

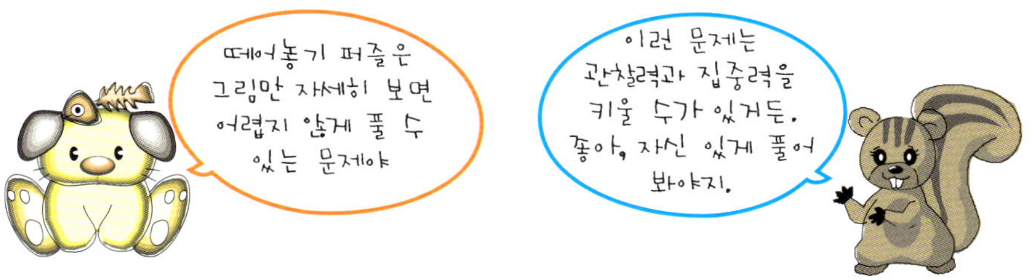

문제 3-14 다른 막대를 움직이지 않고 떼어놓을 수 있는 것은 어느 것입니까? (레벨 1)

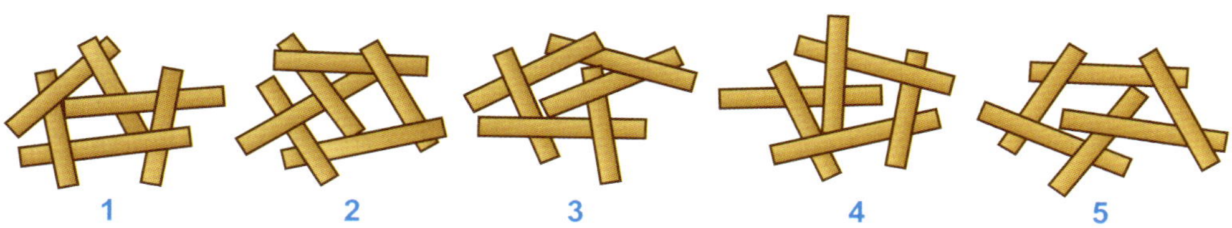

문제 3-15 2개의 고리를 떼어놓을 수 있는 것은 어느 것입니까? (레벨 1)

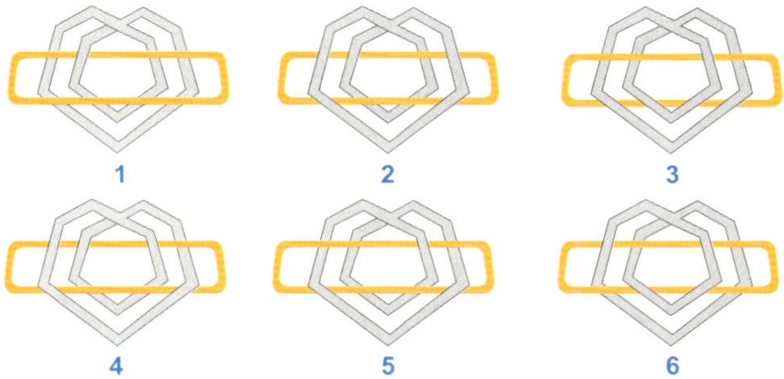

문제 3-16 이곳에 꼭 맞는 모양은 어느 것입니까? (레벨 1)

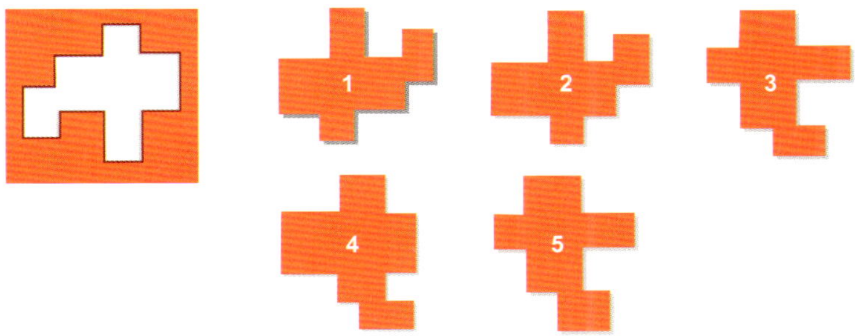

문제 3-17 이곳에 맞지 않은 모양은 어느 것입니까? (레벨 1)

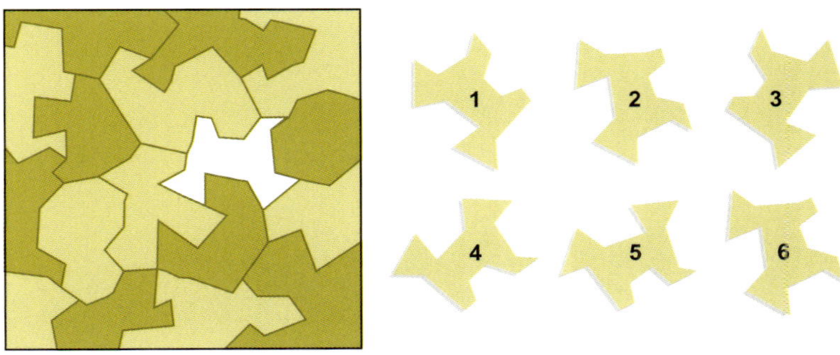

문제 3-18 체스 판의 직사각형 (레벨 3)

8 × 8의 체스 판(chess board)에는 몇 개의 정사각형과 직사각형이 있을까요?

문제 3-7 | 풀이과정

바로 8 × 8의 체스 판 문제를 풀지 말고, 2 × 2, 3 × 3, 4 × 4의 체스 판 문제를 풀면서 규칙을 찾아내면 8 × 8의 체스 판 문제를 풀면 쉽게 구할 수 있을 것이다.

3 × 3 체스판에서의 직사각형 수는 3 × (3 + 2 + 1)+2 × (3 + 2 + 1) + (3 + 2 + 1)로 6 × 6 = 36개이다. 즉 3 × (3 + 2 + 1)의 수식에서 앞의 3은 작은 사각형 1개를 의미하는 행이 3개라는 의미이며, (3+2+1)은 1개짜리 사각형 이 3개, 2개짜리 사각형 이 2개, 3개짜리 사각형 이 1개 있음을 나타낸다. 2 × (3 + 2 + 1)의 수식에서 앞의 2는 작은 사각형 2개 를 만들 수 있는 행의 개수가 2개라는 의미이며, (3 + 2 + 1)은 사각형 이 3개, 2개짜리 사각형 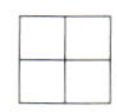이 2개, 3개짜리 사각형 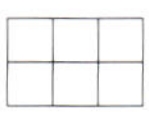이 1개 있음을 나타낸다.

(3) 다른 모양 찾기(Odd one out) 퍼즐

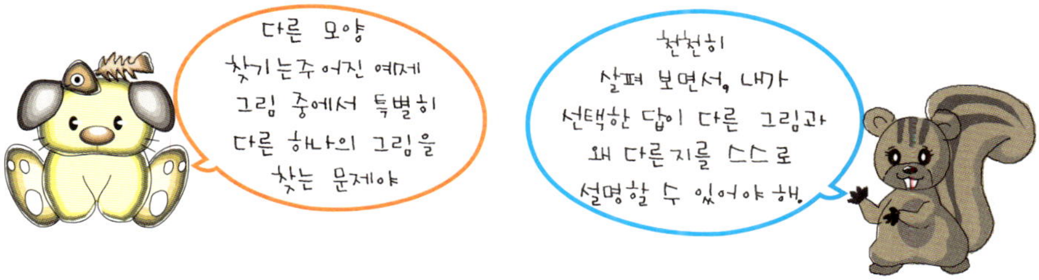

문제 3-19 특별한 다른 모양 하나를 찾고 그 이유를 설명하시오. (레벨 1)

①	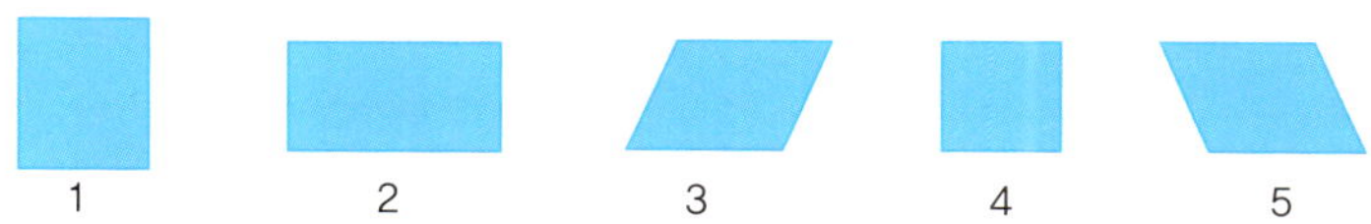
②	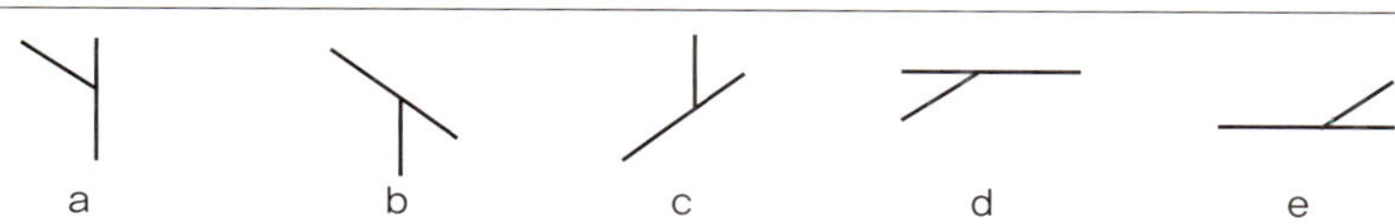
③	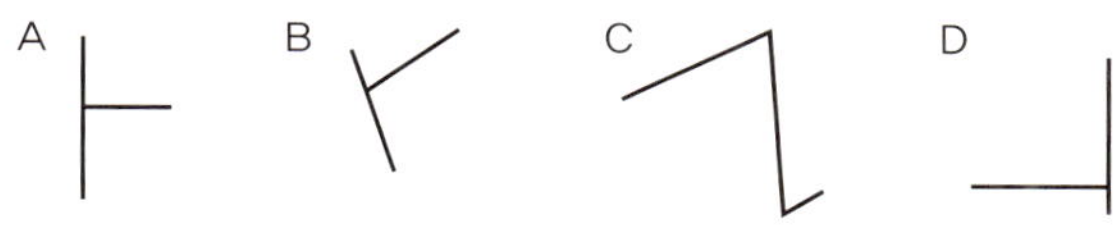
④	
⑤	
⑥	
⑦	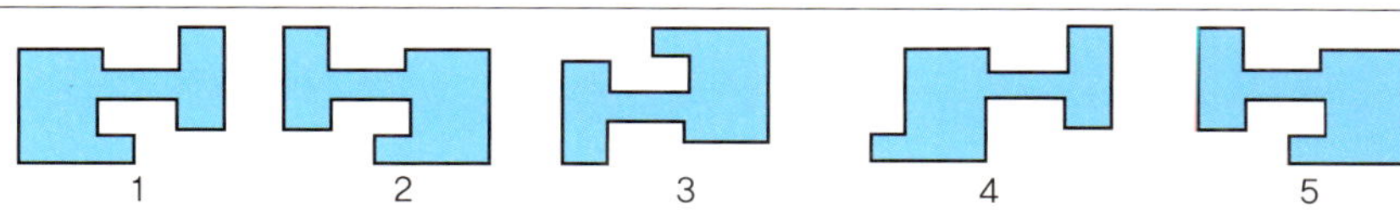
⑧	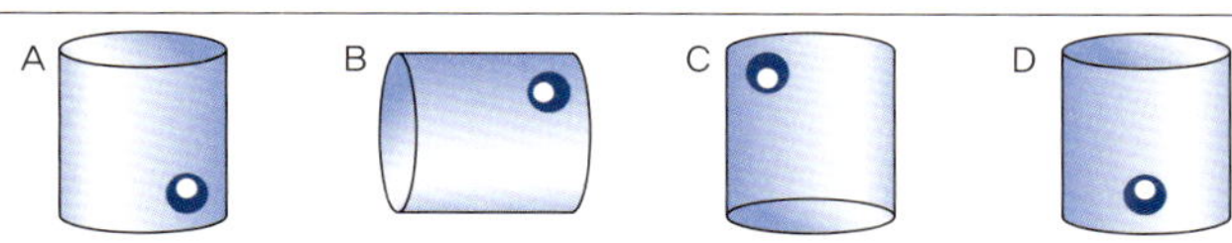

(4) 결합하기(Combining) 퍼즐

문제 3-12 옆에 있는 2개의 모양을 합하여 만들 수 있는 것은 어느 것입니까? (레벨 1)

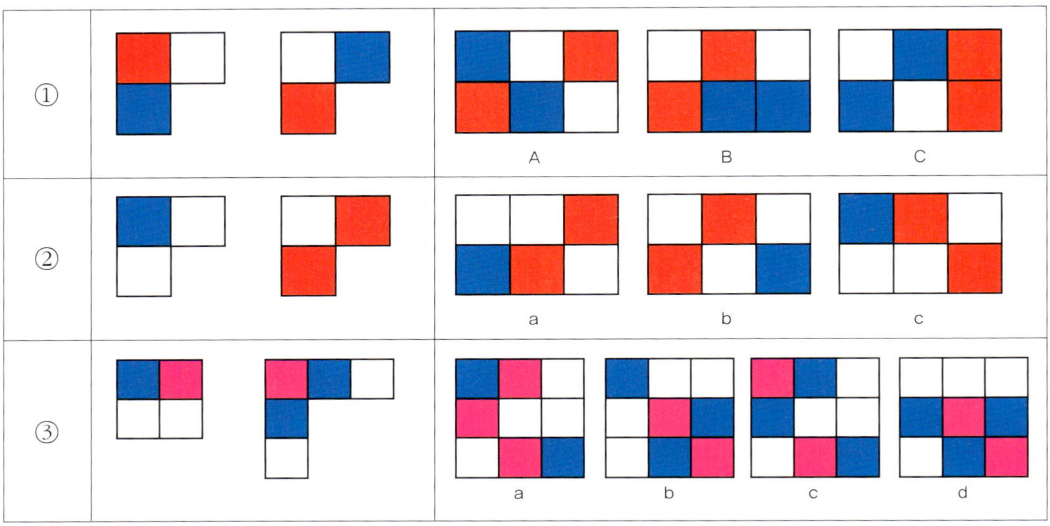

(5) 마당 퍼즐(Quadrangle puzzle)

마당 퍼즐은 아래와 같이 격자(grid)에 있는 점을 직선으로 연결하여, 주어진 숫자에 해당하는 네모 칸으로 전체를 분할하는 퍼즐입니다. 간단한 마당 퍼즐은 어렵지 않게 풀 수 있으나, 복잡한 마당 퍼즐은 조금의 생각을 요구합니다. 즐거운 마음으로 문제를 풀면서 좀 더 효율적으로 풀 수 있는 방법을 생각해 보세요.

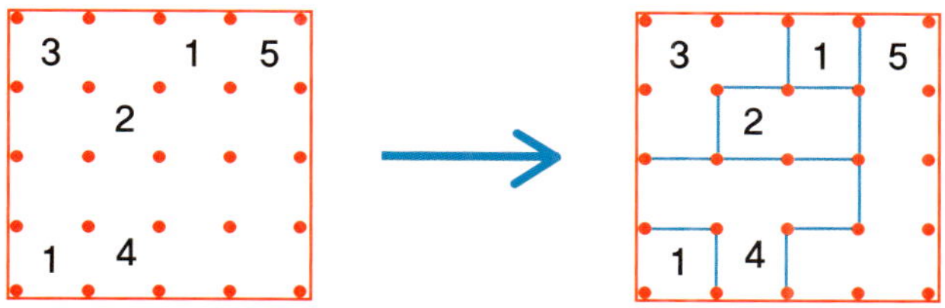

문제 3-21 마당 퍼즐 문제

①

②

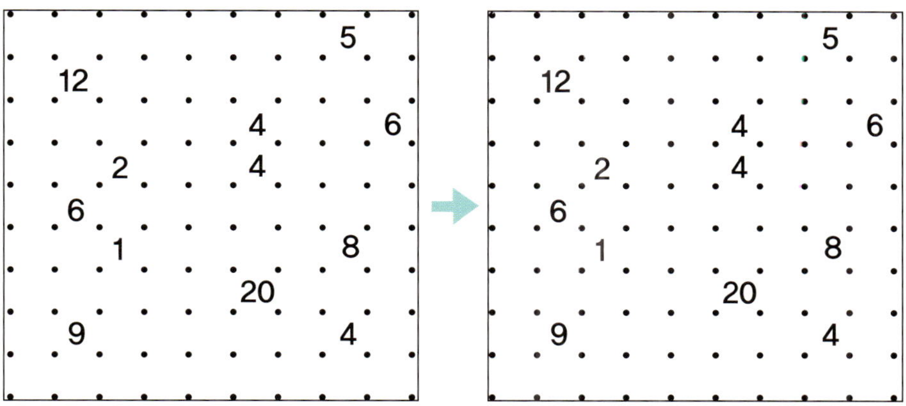

(6) 다르게 보기 퍼즐

다르게 보기는 하나의 사물을 또 다른 측면에서 볼 때 나올 수 있는 모양을 찾는 문제입니다. 이러한 문제를 통해 나의 사고의 정확성을 판별할 수 있습니다. 답이 틀린 문제에 대해서는 내가 무엇을 잘못 생각해서 틀렸는지 그 원인을 반드시 분석해서 다음부터는 틀리지 않도록 해야 합니다. 이렇게 하여야만 나의 사고력 증진을 통한 나의 발전이 이루어집니다.

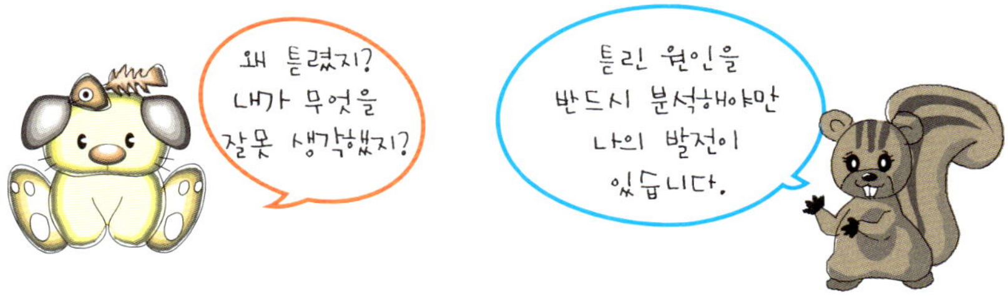

문제 3-22 아래의 모습을 동서남북의 4방향에서 거울에 비추어 나올 수 있는 모양을 있는 대로 찾으시오. (레벨 1)

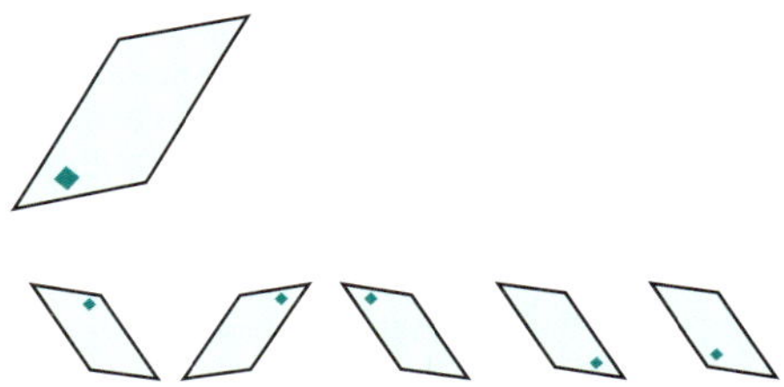

a b c d e

문제 3-23 맨 위의 왼쪽 모양을 회전시키면 오른쪽 모양이 나올 수 있습니다. 가운데 모양을 맨 위의 모양과 같은 회전을 시킬 경우 나올 수 있는 모습은 어느 것입니까? (레벨 2)

a b c d

문제 3-24 하나의 주사위를 세방향에서 바라본 모습입니다. 숫자 4의 반대쪽에 있는 수는 무엇입니까? (레벨 1)

(7) 펼치기와 접기 퍼즐

펼치기는 도형을 펼쳤을 때 나타나는 도면을 구하는 문제입니다. 이 문제는 얼마나 정확히 사물을 관찰하고 추리할 수 있는지를 검사합니다. 만약 한 문제라도 틀렸다면, 나의 사고가 이러한 분야에 취약하다고 판단하시고 이러한 종류의 문제를 찾아 풀도록 노력하십시오. 펼치기 문제에 아주 취약하다면, 건축, 설계 방면으로의 진출은 적성에 맞지 않을 수 있습니다.

접기는 펼치기와 반대되는 개념으로 도면을 접었을 때의 도형을 구하는 문제입니다. 이 문제 또한 도면과 도형을 한 면 한 면 비교하면서 잘 관찰하면 어렵지 않게 풀 수 있는 문제입니다. 하지만 얼마나 빠른 시간 내에 정확하게 풀 수 있느냐가 관건입니다. 이를 위해서는 도형 도면의 특징을 잘 이해하여야 합니다. 하나의 도형을 어떻게 펼치느냐에 따라서 서로 다른 여러 개의 펼쳐진 도면을 가지게 됩니다.

문제 3-26 어느 것을 펼치면 오른쪽 모양이 될까? (레벨 2)

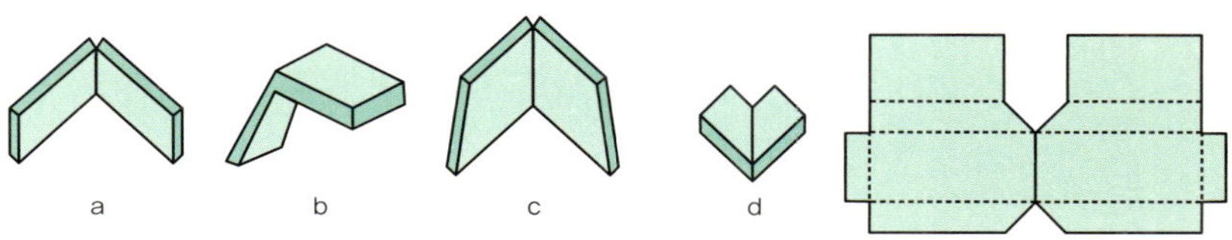

문제 3-27 종이 상자를 만들려고 합니다. 이 종이를 접은 상자는 어느 것인가? (레벨 2)

1 2 3 4 5 6

문제 3-26 | 풀이과정

하나의 도형은 어떻게 펼치느냐에 따라서 서로 다른 여러 개의 펼쳐진 도면을 가지게 됩니다. 접기 문제가 잘 풀리지 않는다면, 답을 확인하기 전에 1, 2, 3, 4, 5, 6으로 쓰여진 육면체 평면도를 아래 (A)와 같이 만든 후, 이 도형을 (B), (C)와 같이 여러 가지 도면으로 변형시키면서 도면의 개념을 먼저 이해하도록 하세요. 그런 다음에 문제를 다시 풀어보시오. 도면에서 서로 멀리 떨어져 있는 면들이 접었을 때 어떤 면이 붙은 옆면이 되는지, 붙을 때 어떤 모양으로 붙게 되는지, 또한 어떤 면들이 서로 붙을 수 없는 옆면이 되는지를 알 수 있게 될 것입니다.

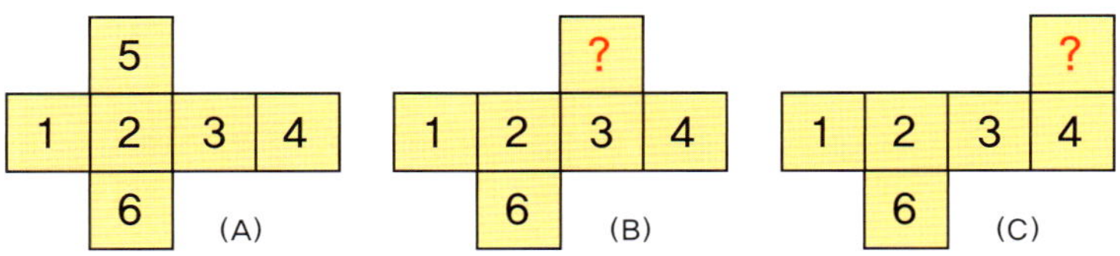

(A) 도면의 숫자 5는 (B)와 (C)에서는 어떤 모양이 될까?

(B)는  (C)는  모양을 가집니다. 왜 이런 모양을 가지는지를 이해하고, 1과3, 2와4, 5와6은 서로 옆면이 될 수 없다는 도형의 접기와 펼치기의 기본 개념을 알아야 펼치기와 접기의 응용 문제를 풀 수가 있게 됩니다.

문제 3-27 어느 것을 펼치면 오른쪽 모양이 될까요? (레벨 2)

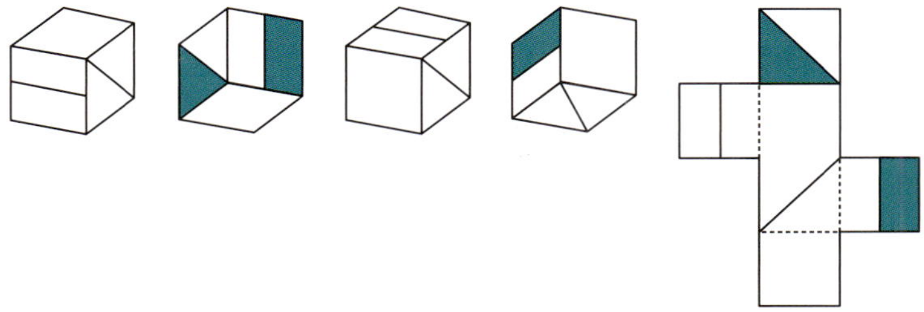

문제 3-28 왼쪽의 종이를 접으면 어떤 모습이 될까요? (레벨 2)

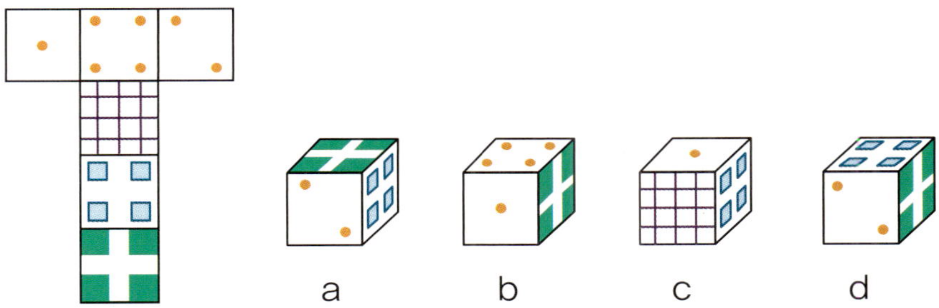

문제 3-29 왼쪽의 종이를 접으면 어떤 모습이 될까요? (레벨 1)

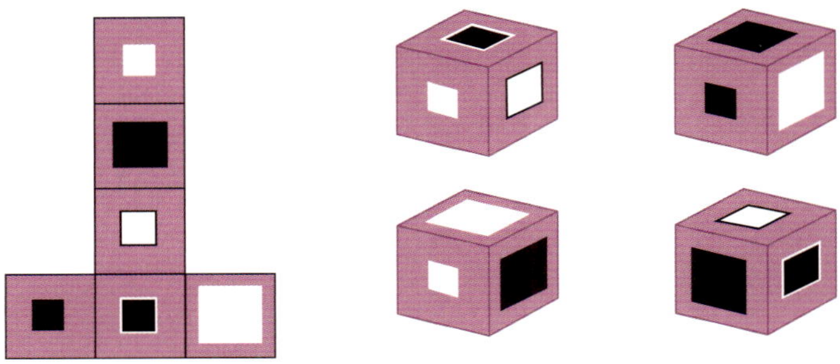

문제 3-29 | 풀이과정

이러한 주사위 문제를 빨리 푸는 키는 옆면에 붙을 수 없는 것을 먼저 찾아내는 것입니다.

문제 3-30 60개의 조각을 접어 공을 만들려고 합니다. 그런데 이 조각들로 만들 수 없는 공이 있습니다. 어느 것입니까? (레벨 3) ★★

〈이 문제는 '국제 높은 지능 사람들(IHS)' 에서 개발한 것입니다〉

(8) 테트리스와 폴리오미노 퍼즐

n개의 정사각형을 붙여서 만들 수 있는 도형을 '폴리오미노' 라 합니다. 테트리스는 4개의 정사각형을 이용하여 만든 가장 단순한 폴리오미노 게임입니다. 오델로, 지뢰찾기 등과 같은 유명한 게임도 기본 아이디어는 아주 단순합니다. 여러분들도 남들이 생각하지 못한 작은 아이디어를 생각해 낸다면, 간단하면서도 세계적으로 유명한 게임을 만들 수 있지 않을까요? 한번 도전해 보세요.

아래 표는 폴리오미노에서 정사각형의 개수(n)에 따른 이름(name)과 만들 수 있는 도형의 수(number) 그리고 일부의 예입니다.

n	name	number of free polyominoes
1	monomino	1
2	domino	1
3	tromino or triomino	2
4	tetromino	5
5	pentomino	12
6	hexomino	35
7	heptomino	108
8	octomino	369
9	nonomino	1285
10	deccmino	4656
11	undecomino	17073
12	dodecomino	63600

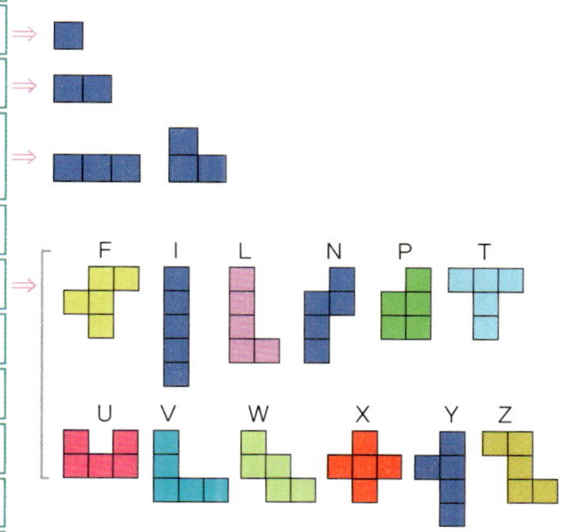

문제 3-31 팬토미노는 5개의 정사각형을 사용하는 폴리오미노입니다. 12개의 팬토미노를 사용하여 6 × 10의 모든 칸을 채우려고 합니다. 흰색으로 남겨진 칸은 어떻게 채우면 될까요?

(레벨 1)

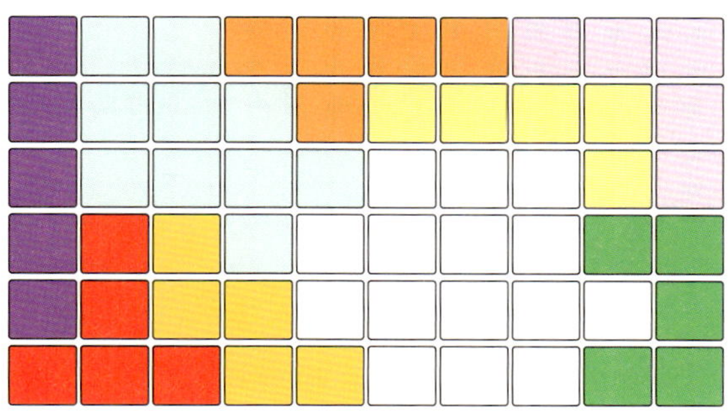

문제 3-32 12개의 팬토미노를 사용하여 아래 펭귄의 모든 칸을 채워보시오. (레벨 2)

3.3 추적 퍼즐

추적 퍼즐은 미로 퍼즐과 미궁 퍼즐이 있습니다.

미궁이란, 나가는 길이 외길(하나뿐인 통로)이어서 길을 잃을 염려는 없지만 빙빙 돌아 나가도록 되어 있는 곳을 말합니다.

미로란, 여러 갈래의 길이 있어서 들어가면 쉽게 나올 길을 찾을 수 없게 되어 있는 곳을 말합니다.

미로는 출발점, 통로, 목표점의 3개 주요 부분으로 구성되며, 통로에는 선택점이 주어질 수 있으며, 목표로 통하는 길과 막다른 골목이 있습니다. 출발점에 놓인 학습자는 실패를 거듭하면서 목표점에 도달하고, 도달하면 기쁨을 얻게 됩니다. 시행할 때마다 실패하는 수가 줄어들고 시간도 짧아지게 됩니다. 이러한 학습을 통하여 다음과 같은 사항들을 깨닫게 될 것입니다.

(1) 복잡한 문제를 차근차근 생각하는 집중력을 키울 수 있으며, 이러한 문제를 푸는 것 자체가 즐겁다는 것을 느끼게 될 것입니다.
(2) 하나의 문제에도 해결 방법이 여러 가지가 있음을 깨닫게 됩니다.
(3) 끝까지 생각하여 여러 가지 해결 방법 중에서 가장 적절한 방법을 찾는 연습을 통하여 나의 사고력이 증진되고 있음을 스스로 느끼게 됩니다.

문제 3-33 미궁과 미로를 풀어 보세요. (레벨 1)

미궁(Labyrinth)

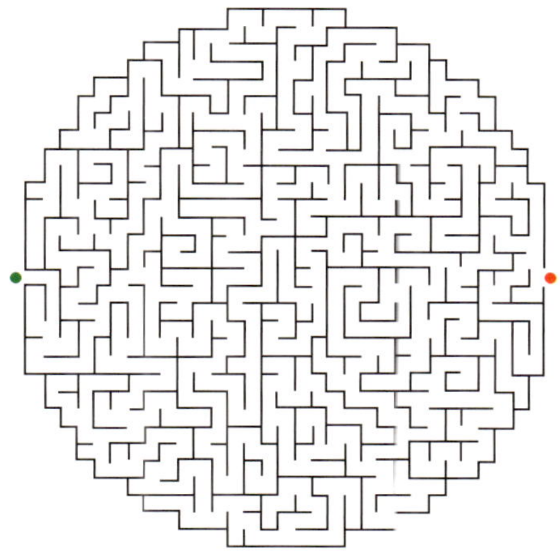

미로(Maze)

문제 3-34 배가 고파요. (레벨 1)

개미핥기는 배가 고픕니다. 개미가 있는 곳으로 가려면 꼭 지나야 되는 길은 어디입니까?

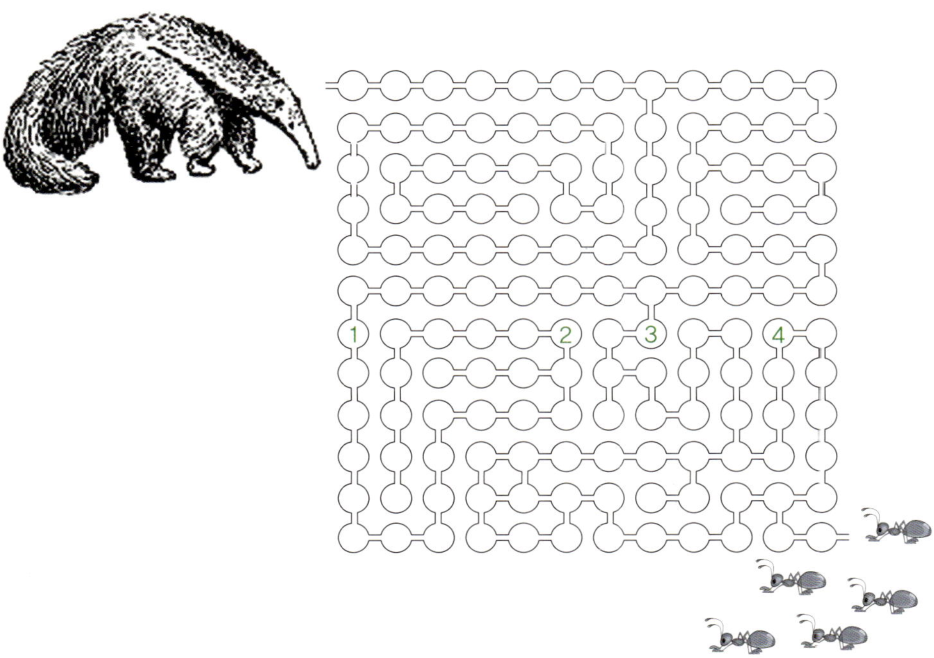

문제 3-35 동굴 미로 (레벨 1)

1번으로 들어가서 37번으로 나오려고 합니다. 어느 길로 가면될까요?

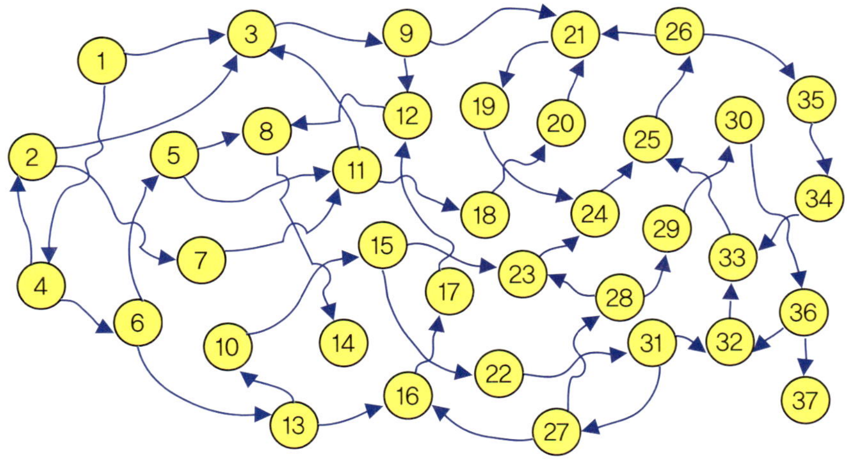

문제 3-36 미로 퍼즐 (레벨 2) ★

입구(ENTER)와 출구(EXIT)가 있는 미로 정원이 있습니다. 이 정원의 모든 갈림길에는 커다란 돌이 있어 바로 가지 못하고 반드시 오른쪽이나 왼쪽으로 돌아가야만 합니다. 입구에서 출구로 가려면 최소 몇 개의 돌을 지나야 합니까?

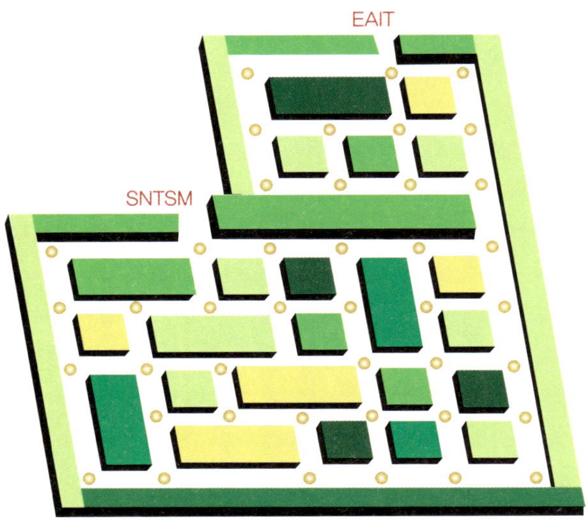

※ 위 문제를 먼저 풀기 전에는 아래의 [퍼즐 풀이 과정]을 절대로 읽지 마시오.

문제 3-36 | 풀이과정

이 문제의 관건은 어떻게 하면 빨리 풀 수 있느냐입니다. 혹시 당신은 ENTER나 EXIT에서 출발하여 이 문제를 풀었다면, 『퍼즐 문제를 풀기 전에 미리 생각하고 전략을 세워라』라는 말을 틀림없이 잊어버리고, 풀다가 막히면 되돌아가서 다시 푸는 과정(backtracking)을 반복하였을 것입니다.

이 문제를 풀기 위해서는 어떠한 전략이 필요한지를 그림을 보고 다시 생각해 보시오.

이 문제의 핵심은 오른쪽 끝 벽의 위에서 3번째와 4번째 돌을 반드시 지나가야만 한다는 사실입니다. 이 두 돌을 중심으로 ENTER로 가는 길과 EXIT로 가는 길을 먼저 찾다가 가야 할 길이 두 개 이상 존재할 때, 다시 ENTER와 EXIT에서 출발하여 길을 찾는다면 훨씬 빨리 그리고 쉽게 길을 찾을 수 있을 것입니다.

『퍼즐 문제를 풀기 전에 미리 생각하고 전략을 세워라』

명심하라. 그리고 반성하라. 왜 이 말을 잊어버렸는가를.

문제 3-37 카드(card) 미로 (레벨 3)

카드가 흩어져 있습니다. 시작 카드(START)에서 한 번은 위에 놓인 카드로 올라가고, 한 번은 밑에 놓인 카드로 내려가고... 마지막 카드(FINISH)까지 갈 수 있을까?

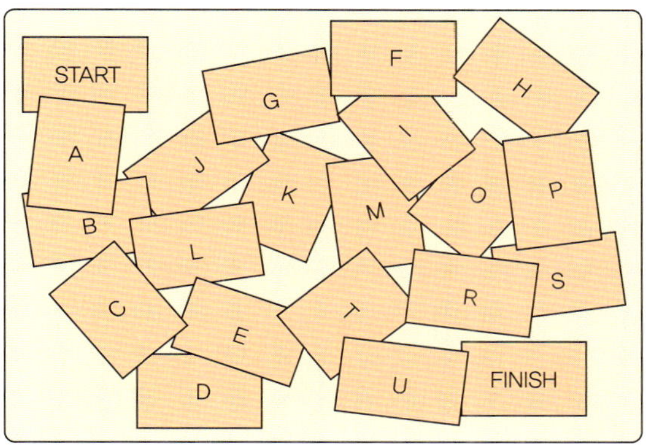

물론 있습니다. 이렇게.

START-A-B-C-D-E-C-L-E-T-M-O-R-M-K-J-L-K-G-I-O-P-S-R-T-U-FINISH

아래 그림에 대해 위와 같은 방법으로 답을 적어보시오.

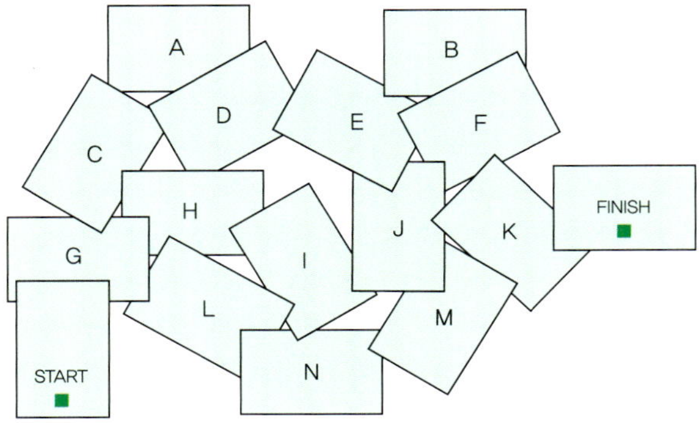

문제 3-37 | 풀이과정

위 문제를 빨리 풀려면 어떻게 하면 될까요? 먼저 finish에서 거꾸로 출발하여 풀 수 있을 때까지 푼 후, 다시 start에서 출발하여 풀면 풀어야 하는 범위를 축소시킬 수 있어 문제를 보다 더 빨리 풀 수가 있습니다.

04 추상화 퍼즐

추상화는 패턴을 찾아내는 과정입니다. 추상화 퍼즐은 문제 해결 과정에서의 관찰이나 분석을 통해 주어진 조건을 바탕으로 특징들을 분석하여 그들 간의 관계 속에서 규칙이나 패턴을 찾아내고 일반화시켜서 문제를 해결하는 퍼즐입니다. 즉, 같은 레벨에 존재하는 여러 개의 답을 찾는 일정한 패턴을 발견하여 문제를 해결하는 퍼즐입니다. 여기에서 패턴은 꼭 모양이나 외형만을 말하는 것이 아니라, 규칙(rule)이나 방법 및 사고까지도 포함합니다.

추상화 퍼즐은 패턴을 이용하여 문제를 해결하는 과정에서 감성을 관장하는 우뇌와 분석과 논리를 관장하는 좌뇌를 동시에 개발시킵니다. 그러므로 어릴 때부터 바둑과 장기같은 활동으로 패턴을 인식하는 능력을 훈련하면 양쪽 뇌가 고루 발달될 수 있듯이, 추상화 퍼즐을 많이 풀어도 양쪽 뇌가 고루 발달될 수 있습니다.

4.1 수리 퍼즐

수리 퍼즐은 주어진 문제의 개념을 정확히 이해한 후, 간단한 수학적 계산만으로 답을 구하는 퍼즐로 계산 퍼즐, 네 개의 4 퍼즐, 나이를 계산하는 퍼즐 문제로 구성되어 있지만, 어려운 수학적인 계산을 요구하지는 않습니다. 다만 먼저 문제가 무엇을 요구하는지를 정확히 파악하고 난 후, 나름대로의 정확한 논리를 가지고 답을 구해야 합니다.

따라서 수리 퍼즐 문제를 풀어가면서 문제를 읽는 집중력과 논리적인 사고력을 증진시킬 수 있으며, 이를 통해 창의적인 문제 해결력을 향상시킬 수 있습니다.

Tip

수리 퍼즐을 빨리 푸는 방법

(1) 그림을 그릴 수 있다면 그림을 그려 풀어라.

(2) 주어진 문제를 자세히 읽고 그 문제의 핵심(key point)을 찾아라.

(3) 문제의 핵심을 이용하여 그 문제에 적용될 수 있는 규칙(rule)을 찾아라.

(1) 계산 퍼즐

문제 4-1 동전의 수 (레벨 2) ★

나는 100원짜리와 50원짜리 동전을 합하여 15개를 가지고 있습니다. 그런데 친구는 100원짜리 동전은 나의 반이고, 50원짜리는 나의 3배를 가지고 있는데, 돈의 합계는 같습니다. 나의 100원짜리 동전은 몇 개일까?

※ 위 문제를 먼저 풀기 전에는 아래의 [퍼즐 풀이 과정]을 절대로 읽지 마시오.

문제 4-1 | 풀이과정

아마 위 문제를 푼 대부분의 사람들은 아래와 같은 방정식을 이용하여 풀었을 것입니다. 나의 100원짜리 동전의 수를 X라 하면,

$$100X + 50(15 - X) = 50X + 150(15 - X)$$

그런데 초등학생이 이 문제를 푼다고 가정하면, 방정식을 이용하여 풀지 않을 것입니다. 만약 당신이 방정식을 이용하여 이 문제를 풀었다면, 방정식을 이용하지 말고 어떤 규칙을 찾아서 이 문제를 다시 풀어 보시오.

※ 이 문제의 규칙을 찾아 풀기 전에는 아래의 [퍼즐 풀이 과정]을 읽지 마시오. 읽는 순간 당신은 더 이상의 창의적 사고력 향상을 기대할 수 없습니다.

초등학생들은 아마 아래의 표와 같은 어떠한 규칙(rule)을 찾아 풀 것입니다. 문제의 조건에서 '100원짜리 동전은 나의 반이고' 라는 문장에서 나의 100원짜리 동전은 짝수 개임을 추론할 수 있습니다. 주어진 조건에서 이러한 사실을 추론한다는 것은 아주 중요합니다. 왜냐하면 다른 사람들보다 더 빨리 문제를 풀 수 있기 때문입니다. 이런 사실을 추론하지 못했다면 스스로 반성하고, 앞으로는 주어진 문제에서 추론할 수 있는 사실이 무엇인지를 찾아내도록 노력해야 합니다.

나의 동전 수		나의 돈 합계	친구의 동전 수		친구의 돈 합계
100원	50원		100원	50원	
2	13	850원	1	39	2050원
4	11	950원	2	33	1850원
6	9	1050원	3	27	1650원
8	7	1150원	4	21	1450원
10	5	1250원	5	15	1250원
12	3	1350원	6	9	1050원
14	1	1450원	7	3	850원

위의 표에서 어떤 규칙이 존재할까? 나의 100원짜리 동전의 수가 2개씩 늘어날수록 돈의 합은 100원 증가하고, 친구의 돈의 합은 200원씩 감소한다는 사실을 알 수 있습니다. 만약 여러분이 이러한 사실을 알았다면 일일이 계산을 하지 않고도 쉽게 답을 구할 수 있을 것입니다.

이 문제를 푸는 과정을 알고리즘(문제 해결 과정을 글로 기술한 것)으로 표현하면 다음과 같습니다.

단계 1 : 나의 100짜리 동전 수 N이라 하고, N의 값으로 2를 둔다(N = 2).

단계 2 : 나의 50원짜리 동전 수는 15 − N,
나의 돈의 합은 100 × N + 50 × (15 − N)이다.

단계 3 : 친구의 100원 동전 수는 N ÷ 2,
친구의 50원 동전 수는 3 × (15 − N),
친구의 돈의 합은 100 × (N ÷ 2) + 50 × 3 × (15 − N)이다.

단계 4 : 만약 내 돈의 합과 친구 돈의 합이 같으면 나의 100원 동전 수 N 값을 출력하고, 그렇지 않으면 N = N + 2를 한 후 N ≤ 14이면 단계 2로 가고 N > 14이면 종료한다.

이렇게 푸는 방법을 알고리즘으로 표현할 수 있다면, 여러분은 모든 문제를 논리적인 사고력으로 풀 수가 있게 됩니다. 이는 여러분들이 추구해야 하는 창의적인 사고력 향상에 아주 중요한 연습입니다.

※ 앞으로 모든 문제의 푸는 과정을 이러한 알고리즘으로 반드시 표현해야만 합니다. 쉽지는 않겠지만 논리적 사고력 향상에는 굉장히 중요합니다.

문제 4-2 사다리의 수 (레벨 2) ★

소방수가 사다리 중간에서 불타는 집에 물을 뿜고 있습니다. 잠시 후에 6칸을 더 올라가서 물을 뿜었다. 불길이 너무 뜨거워 10칸을 내려 왔다. 불길이 잦아들자, 사다리 꼭대기까지 18칸을 더 올라가서 물을 뿜었다. 소방수의 사다리는 몇 칸일까?

문제 4-2 | 풀이과정

아주 쉬운 문제임에도 불구하고 상당히 많은 사람들이 이 문제를 틀립니다. 일단 답이 짝수이거나 30이상이면 틀렸습니다. 만약 틀렸다면, 내가 왜 틀렸는지를 반성해야 합니다. 틀린 사람의 대부분은 문제를 정확히 읽지 않고 문제의 핵심(key point)을 생각하지 않았기 때문입니다.

퍼즐은 문제를 정확히 읽고 문제의 핵심(key point) 또는 규칙(rule)을 찾아야 합니다.

이 문제의 핵심은 무엇인가? 바로 '사다리의 중간' 입니다. 이것이 무엇을 의미하는가? 사다리가 3칸이라면 중간은 얼마인가? 4칸이라면 중간은 얼마인가?

아하!!! 이제야 눈치 채었을 것입니다. 이 사다리의 칸은 홀수입니다.

나는 왜 이러한 사실을 미리 유추하지 못했을까? 내 스스로 반성을 해야만 합니다. 그리고 앞으로는 틀리지 않도록 하기 위해 나는 어떻게 해야 하나?

Think and Think. 생각하고 또 생각해야 합니다.

문제 4-3 코끼리의 눈과 발 (레벨 1)

동물원에 코끼리와 타조가 한 울타리에 있는데, 두 동물의 눈의 합은 60개이고 다리의 합은 86개입니다. 그렇다면 코끼리는 몇 마리입니까? 방정식으로 풀지 말고 규칙(rule)을 찾아 푸시오.

문제 4-4 방갈로 (레벨 1)

선생님은 몇 마리의 강아지와 강아지보다 20명이 많은 아이들과 함께 방갈로(bungalow)에서 자게 되었습니다. 그런데 그 방갈로에는 아이들보다 10배나 많은 개미들이 이미 살고 있었습니다. 방갈로에 있는 모든 다리의 수는 1440개입니다. 학생들은 몇 명일까요?

문제 4-5 밤은 몇 마리? (레벨 1)

도마뱀이 사람보다 2배가 더 많은 파충류 동물원에서 뱀, 도마뱀 그리고 사람의 머리수를 헤아려 보니까 27개이고 다리는 70개였습니다. 뱀은 몇 마리였을까요?

문제 4-6 뮤직 콘서트 (레벨 1)

35명이 참석한 작은 콘서트에 온 숙녀는 아이들의 2배이며, 아이들은 신사의 2배입니다. 숙녀는 몇 사람일까요?

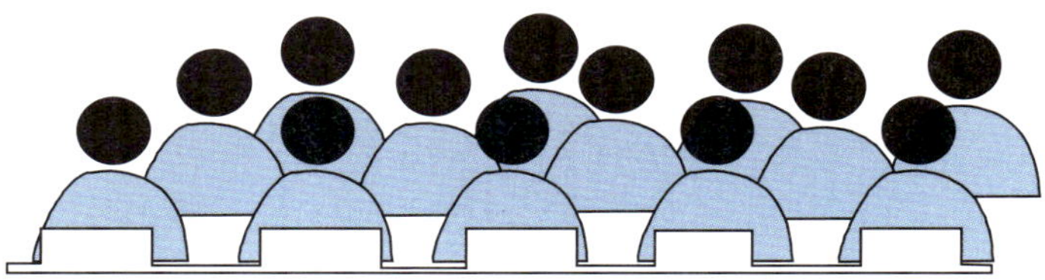

문제 4-7 침대의 숫자 (레벨 1)

와우 호텔 침대에서 침대 벌레들이 신나게 놀고 있습니다. 1인용 침대에는 7마리, 2인용 침대에는 13마리씩 모두 106마리가 놀고 있습니다. 침대는 모두 몇 개일까요?

문제 4-8 칩의 가치 (레벨 1)

게임에 사용되는 칩(chip)들의 가치입니다.

- 3개의 녹색 칩은 5개의 푸른 칩과 가치가 같다.
- 2개의 붉은 칩은 1개의 흰색 칩과 가치가 같다.
- 4개의 붉은 칩은 3개의 녹색 칩과 가치가 같다.

그렇다면 8개의 흰색 칩은 몇 개의 녹색 칩과 가치가 같은가요?

문제 4-9 새 (레벨 1)

새장 하나에 새를 한 마리씩 넣으면 새가 한 마리 남고, 새장 하나에 새를 2마리씩 넣으면 새장이 하나 남습니다. 나는 몇 마리의 새를 키울까요?

문제 4-10 언니의 푸념 (레벨 1)

지갑에 1000원 밖에 남지 않았다고 언니가 푸념을 합니다. 백화점에서 가진 돈의 반으로 모자를 사고, 모금함에 2000원을 넣고, 식당에서 남은 돈의 반으로 점심을 먹고, 나오면서 거지에게 1000원 주고, 서점에서 남은 돈의 반으로 책 한권 사고, 3000원짜리 아이스크림 먹고, 1000원으로 차비하여 집에 왔답니다. 언니가 처음에 가지고 있던 돈은 얼마일까요?

문제 4-11 도토리 몇 개일까요? (레벨 1)

같은 아이템을 영이도 사고 싶고 철수도 사고 싶습니다. 그런데 영이는 19개의 도토리가 부족하고, 철수는 3개가 부족합니다. 그러나 영이와 철수의 도토리를 합하면 아이템을 사고 도토리 하나가 남습니다. 아이템의 값은 도토리 몇 개일까요?

문제 4-12 풀장 (레벨 1) ★

풀장에 물을 보내는 배수관이 4개가 있습니다. A관으로는 하루, B관으로는 12시간, C관으로는 6시간, D관으로는 5시간이면 풀장에 물을 가득 채울 수 있습니다. 모두 함께 보내면 몇 시간이 걸릴까요?

문제 4-13 굴 파기 (레벨 1)

사막 쥐의 새끼는 굴을 파는데 9시간이 걸리고, 중간 쥐는 6시간, 어미 쥐는 4시간 반이 걸립니다. 셋이서 함께 파면 몇 시간이 걸릴까요?

문제 4-14 나는 얼마인가? (레벨 1)

1. 나는 4자리의 짝수인데 자리수가 모두 다르다.
2. 자리수를 모두 더하면 10이다.
3. 모든 자리수는 모두 0보다 크다.
4. 천과 백의 자리수를 더한 것은 십과 일의 자리수를 더한 것과 같다.
5. 제일 큰 자리수는 천의 자리수이다.

나는 얼마인가?

문제 4-15 비밀 번호 (레벨 2)

연구소 문의 비밀 번호를 잊어버렸습니다. 그러나 몇 가지 단서는 기억하고 있습니다.

- 5자리의 숫자이다.
- 3째와 5째 숫자를 더하면 14이다.
- 4째 숫자는 둘째 수보다 1크다.
- 첫째 숫자는 둘째 수를 2배한 것 보다 1작다.
- 둘째 숫자와 셋째를 더하면 10이다.
- 5개 숫자 전부를 더하면 30이다.

문의 비밀번호를 순서대로 적으면 무엇인가?

문제 4-16 크리스마스 선물 (레벨 2)

크리스마스가 되면 즐겨 부르는 '열이틀의 크리스마스(The Twelve Days of Christmas)라는 노래가 있습니다. 그런데 요즈음에는 이 노래의 가사를 바꾸어 부르는 사람이 많다.

- 첫째 날에는, 선물 하나.
- 둘째 날에는, 다른 선물 하나에 두 개 더.
- 셋째 날에는, 또 다른 선물 하나에, 또 다른 두 개 더에 세 개 더.

이렇게 열두째 날까지 계속 합니다. 열두째 날까지 선물을 다 챙기면 모두 몇 가지가 될까요? 규칙을 찾고 알고리즘으로 표현해 보시오.

문제 4-16 | 풀이과정

위 문제를 해결하기 위한 풀이 식은 다음과 같다.

$$1 + (1 + 2) + (1 + 2 + 3) + \cdots + (1 + 2 + 3 + 4 + 5 + 6 + 7 + 8 + 9 + 10 + 11 + 12)$$

위의 수식을 계산하기 위해 가장 간단한 방법은 모든 수를 차례로 더하는 방법으로, 총 77번의 더하기를 해야 한다.

수식을 좀 더 쉽게 계산할 수 있는 방법은 없을까?

즉, 더하기 하는 횟수를 줄일 수 있는 방법은 없을까?

더하기 하는 횟수를 줄이기 위해 그 때까지 계산한 중간 값을 이용하는 방법을 사용하여 보자.

오늘 하루의 선물수 = 전날의 하루 선물수 + 오늘의 날짜

오늘까지의 총 선물수 = 전날까지의 총 선물수 + 오늘 하루의 선물수

아래의 표는 위의 방법을 사용하여 계산 한 결과표로 총 20번의 더하기만 하여, 모든 수를 차례로 더하는 방법의 77번에 비해 57번의 더하기 횟수를 줄인 방법이다.

날짜	하루의 선물 수	오늘까지의 총 선물 수
1	1	1
2	3	4
3	6	10
4	10	20
5	15	35
6	21	56
7	28	84
8	36	120
9	45	165
10	55	220
11	66	286
12	78	354

이 예제에서 보는 바와 같이 같은 결과를 얻는 여러 방법 중에서 어떻게 최적의 방법을 찾아 알고리즘을 기술하느냐 하는 것이 무엇보다도 중요하다는 사실을 알게 되었다.

의사 코드 알고리즘	순서도
단계 1 : 초깃값으로 날짜, 하루의 선물수, 오늘까지의 총 선물수를 모두 1로 둔다. 단계 2 : 만약 날짜 ≤ 12이면, 날짜를 하루 증가시킨다. 하루의 선물수에 날짜를 더하여 하루의 선물수로 둔다. 오늘의 총 선물수에 하루의 선물수를 더하여 오늘의 총 선물수로 둔다. 단계 2로 간다. 그렇지 않다면(만약 날짜 > 12이면) 오늘의 총 선물수를 출력한다. 단계 3 : 종료한다.	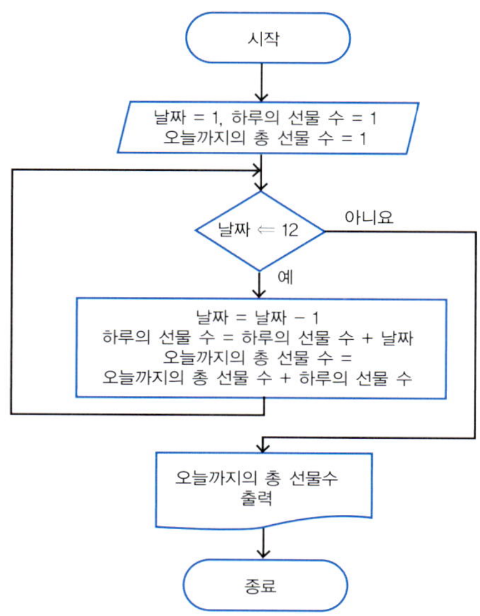

문제 4-17 파라오의 유언 (레벨 2)

이집트의 파라오(pharaoh)는 유언했습니다.

'재산의 3분의 1은 장남에게, 4분의 1은 차남에게, 5분의 1은 그 다음에게... 이러한 방법으로 나누어 주고, 막내에게는 나머지를 주어라. 이렇게 하면 형이 아우보다 많을 것이다.' 형제가 몇 명인지는 알 수 없지만 막내가 받은 재산은 600억 원이었습니다. 장남은 몇 억 원을 받았을까요?

문제 4-18 대피 시간 (레벨 2) ★

감시원은 지진계가 몹시 흔들리는 것을 발견하고 즉시 비상 연락을 시작했습니다. 비상 연락 방법은 감시원이 두 사람에게 전화하면 전화 받은 사람들은 각각 다른 두 사람에게 연락하고 신속히 대피하는 것입니다. 연락이 안 되는 경우는 없습니다. 만약 한 사람에게 전화하는데 30초, 대피하는데 90초가 걸린다면 375명의 주민 모두가 대피하는 데는 몇 분 몇 초가 걸릴까요?

문제 4-19 자리수 합이 9인 숫자는? (레벨 2)

456의 자리수 합(digital sum)은 15입니다(4+5+6=15). 자리수 합이 9인 3자리 정수는 몇 개일까요?

문제 4-20 초의 길이는 얼마입니까? (레벨 2) ★

크리스마스이브에 5cm의 길이 차이가 있는 2개의 촛불을 켰습니다. 긴 초는 5:30, 짧은 초는 7:00에 불을 켰습니다. 9:30분이 되자 두 초의 길이가 같아지더니 11:00에는 짧은 초가 다 타고 11:30에는 긴 초도 다 탔습니다. 긴 초의 길이는 얼마일까요?

문제 4-21 50대 이상은 몇 명입니까? (레벨 2)

시찰단의 구성은 50대 미만이 4분의 3, 40대 미만이 3분의 2입니다. 30대 미만은 12명이고, 30대는 40대의 2배입니다. 50대 이상은 몇 명입니까?

문제 4-22 책벌레가 지나간 거리 (레벨 2)

책장에 있는 10권의 책 속에서 책벌레가 잔치를 벌였습니다. 모든 책의 두께는 0.5cm의 표지 두 장을 포함하여 5cm인데 1권 1쪽부터 마지막 권 마지막 쪽까지 똑바로 가며 파먹었습니다. 책벌레가 지나간 거리는 몇 cm일까요? 정수로 답해보세요.

문제 4-23 돌고래의 공연 시간 (레벨 2)

두 마리 돌고래가 둥근 수영장을 돌면서 공연을 합니다. 한 마리는 72초, 또 한 마리는 90초에 한 바퀴를 도는데 서로 다른 방향을 향해서 움직이고, 서로 만날 때마다 5초간 포옹을 합니다. 조련사 앞에서 출발한 돌고래가 다시 조련사 앞에서 만나 공연을 끝내려면 몇 초가 걸릴까요?

문제 4-24 행운의 승차권 (레벨 2)

행복한 도시에서는 6자리 숫자가 찍혀있는 버스표가 자동으로 발매되는데, 앞의 3자리와 뒤의 3자리의 숫자가 같으면 공짜로 버스표를 한 장 더 줍니다. 6자리 숫자 중에 공짜표를 얻을 수 있는 행운의 숫자는 몇 개일까요?

문제 4-25 세 사람 달리기 (레벨 2)

한 시간에 10km를 달릴 수 있는 세 사람이 15km를 가야합니다. 자전거는 1대가 있는데 자전거를 타면 한 시간에 30km를 갈 수 있지만 한 사람이 한 번만 탈 수 있습니다. 세 사람 모두 목표지점에 도착하려면 최소 몇 분이 걸릴까요?

문제 4-26 월척 (레벨 2)

철수 아버지가 낚시로 잡은 물고기의 꼬리 길이는 머리 길이에 몸통 길이의 4분의 1을 더한 것과 같았고, 몸통의 길이는 전체 길이의 4분의 3이었으며, 머리 길이는 4cm 이었습니다. 전체 길이는 몇 cm이었을까요?

문제 4-27 오렌지 옮기기 (레벨 2)

오렌지를 상자에 옮겨 담는데 2개씩 옮기면 1개가 남고, 3개씩 옮기면 2개가 남고, 4개씩 옮기면 3개, 5개씩 옮기면 4개, 6개씩 옮기면 5개, 7개씩 옮기면 꼭 맞습니다. 오렌지는 최소 몇 개일까요?

문제 4-28 아기 새는 몇 마리? (레벨 2)

'뽀뚜르르~찌빠 쑿쑿'

아기새 노래 소리가 너무 좋습니다. 집에서 새를 기르고 싶습니다.

빨간 가슴털 새는 한 마리에 1000원, 어미 파랑새는 500원, 아기 파랑새는 50원합니다. 10000원으로 꼭 100마리의 새를 사고 싶습니다.

아기 새는 몇 마리 살 수 있을까요?

문제 4-29 산타클로스 (레벨 2)

산타클로스도 심심하면 작은 요정(elf)을 도와서 장난감을 만듭니다. 자동차를 50개 만들고, 기차를 50개 만들고 이렇게 번갈아 돌아가며 한 시간에 30개씩을 만듭니다. 아침 8:00에 시작하여 방금 108개의 자동차를 만들었습니다. 지금은 오후 몇 시 몇 분일까요? 3시 15분이면 '3:15' 와 같이 적으세요.

문제 4-30 동물 농장 (레벨 2)

100원으로 100마리의 가축을 사려고 합니다. 소는 한 마리에 10원, 양은 3원, 염소는 2마리에 1원인데 종류별로 적어도 한 마리는 사야 합니다. 소, 양, 염소를 몇 마리씩 사야 하는지 순서대로 적어 보세요.

문제 4-31 갈튼의 판(Galton's board) (레벨 3) ★★

작은 공을 살며시 놓으면 왼쪽 또는 오른쪽으로 굴러 떨어지고, 그곳에서 또 굴러 떨어져서 결국은 맨 밑의 통으로 들어가는 놀이기구가 있습니다. 왼쪽과 오른쪽으로 굴러가는 비율은 같습니다. 800번을 떨어뜨리면 '?'가 있는 통에는 몇 번 들어갈까요?

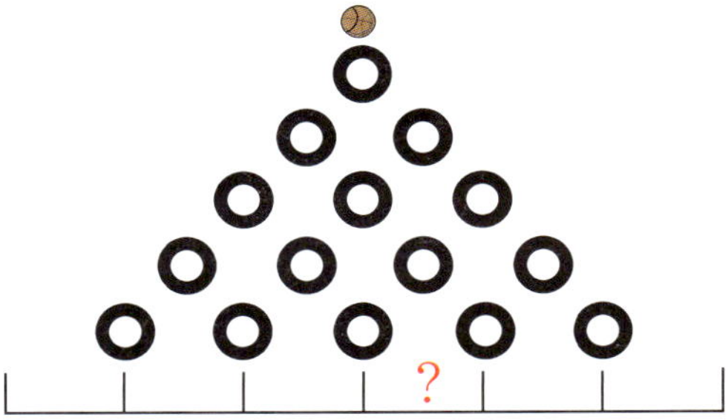

문제 4-32 구슬의 지름은 얼마일까요? (레벨 3)

원뿔 모양의 깔때기에 구슬 5개를 넣었습니다. 가장 작은 구슬의 반지름은 8, 가장 큰 것은 18입니다. 가운데 구슬의 지름은 얼마일까요?

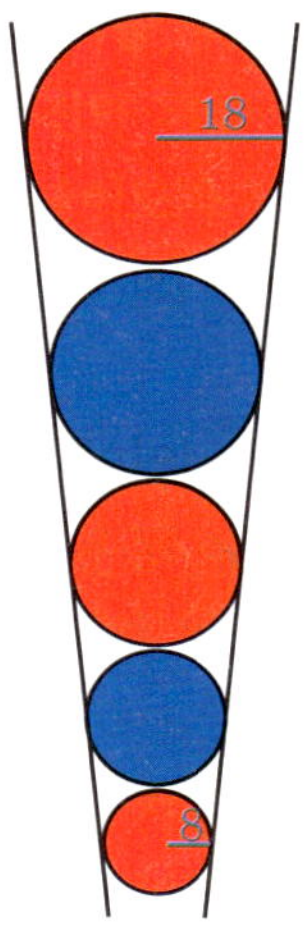

문제 4-33 정확한 시간 (레벨 3)

한 시간에 6분씩 빠른 나의 시계를 지난 밤 12:00에 정확히 맞춰 두었습니다. 그리고 오늘 아침에 시계를 보니까 8시26분입니다. 정확한 시간은 7시 몇 분일까요?

문제 4-34 박물관 (레벨 3)

'남은 기간이 얼마지요?'
유서 깊은 성을 빌려서 박물관으로 사용하는 큐레이터에게 물어 보았습니다.
'99년을 빌렸습니다. 그런데 지나간 기간의 4분의 3과 남은 기간의 5분의 4가 같군요.' 이제 몇 년이 남았습니까?

배의 줄사다리

복잡한 계산 퍼즐을 푸시느라 힘드셨죠?
아래 문제를 풀면서 한번 웃어 보세요. 하하하!!!

난이도 ★☆☆☆☆

바다에서 180cm 높이에 있는 배의 갑판에 가로줄 사이의 간격이 30cm인 줄사다리가 바다로 늘어뜨려져 있습니다. 그런데 밀물이 밀려와서 바닷물의 높이가 한 시간에 50cm씩 높아집니다. 몇 분이 지나면 바닷물에서 갑판까지의 높이가 1m이하가 되겠습니까?

① 60분후 ② 96분후 ③ 120분후 ④ 불가능하다.

문제 4-35 네 개의 4 (레벨 1)

계산 결과가 8이 되려면 '?'에는 어떤 연산 기호(+, −, ×, ÷)를 넣어야 할까?

4 ? 4 ? 4 ? 4

문제 4-35 | 풀이과정

'네 개의 4(four fours)' 문제는 매우 오래된 고전적 퍼즐로써, 네 개의 '4' 사이에 덧셈(+), 뺄셈(−), 곱셈(×), 나눗셈(÷) 그리고 괄호( )를 임의로 넣어, 계산 결과가 '특정한 수'가 나오게 하는 가장 간단한 수식을 찾는 퍼즐입니다.

문제 4-36 다양한 네 개의 4 (레벨 2)

네 개의 4를 사용하여 계산 결과가 0부터 9까지의 수가 되도록 만들어 보시오. 답이 여러 개일 수 있습니다.

0 = 4 4 4 4	5 = 4 4 4 4
1 = 4 4 4 4	6 = 4 4 4 4
2 = 4 4 4 4	7 = 4 4 4 4
3 = 4 4 4 4	8 = 4 4 4 4
4 = 4 4 4 4	9 = 4 4 4 4

(2) 나이 퍼즐

문제 4-37 나이 문제 (레벨 2)

"내 나이의 자리수를 바꾸면 아들 나이가 되지. 지난해엔 내 나이가 아들 나이의 2배였어". 이 말을 한 이 노신사와 아들의 나이는 얼마인가?

문제 4-37 | 풀이과정

이 문제를 풀기 위해서 문제의 핵심이 무엇이며 일정한 규칙이 있는지를 찾아 본다. 문제의 핵심은 '지난해엔 내 나이가 아들 나이의 2배'에서 현재 노신사의 나이가 홀수라는 사실과 아버지는 아들보다 나이가 많다는 사실입니다. 또한 '내 나이의 자리수를 바꾸면 아들 나이가 됩니다'는 사실에서 10의 자리수가 1의 자리수보다 반드시 크다는 것을 유추할 수 있습니다. 이러한 사실은 내가 계산해야 하는 범위를 크게 줄여주며, 이를 토대로 아래의 표를 만들면 쉽게 답을 구할 수 있습니다.

아버지 나이	아들나이	지난해 아버지 나이	지난해 아들 나이
31	13	30	12
41	14	40	13
51	15	50	14
53	35	52	34
61	16	60	15
63	36	62	35
71	17	70	16
73	37	72	36

문제 4-38 아들의 나이 (레벨 1)

아버지의 나이는 45살입니다. 이것은 아들 나이를 5배하여 5를 더한 것과 같습니다. 아들의 나이는 얼마일까요?

문제 4-39 동생의 나이 (레벨 1)

언니의 나이는 24살입니다. 이 나이는 언니가 동생 나이였을 때의 동생 나이의 2배입니다. 동생은 올해 몇 살이지요?

문제 4-40 오빠의 나이 (레벨 1)

오빠의 나이는 동생보다 10살이 많은데 내년이면 2배가 됩니다.
오빠의 나이는 몇 살일까요?

문제 4-41 영이의 나이 (레벨 1)

영이가 10살이었을 때 철수가 태어났습니다. 그 때 어머니는 27살이셨는데 지금은 47입니다. 영이의 나이는 얼마일까요?

문제 4-42 우리 집은 몇 남매일까요? (레벨 1)

어머니가 곧 아이를 낳는다고 합니다. 딸을 낳으면 우리 집 딸 형제가 아들 형제의 2배가 되고, 아들을 낳으면 딸과 아들의 수가 같아집니다. 현제 우리 집은 몇 남매일까요?

(5)

문제 4-43 멍멍이의 나이 (레벨 1)

멍멍이가 한살일 때 멍순이가 태어났습니다. 멍멍이가 8살일 때는 멍순이의 동생인 멍식이 나이의 2배였습니다. 멍자는 멍식이가 2살 때 태어난 멍식이 동생입니다. 지금 멍식이 나이는 멍멍이 나이의 3분의 2이고, 멍자는 우리 집 고양이 나이의 3배입니다. 멍멍이는 몇 살일까요?

문제 4-44 형의 나이 (레벨 2)

두 형제의 나이를 합하면 91살이 됩니다. 형의 지금 나이는 형이 동생 나이였을 때 그 때 동생 나이의 2배입니다. 형의 지금 나이는 몇 살일까요? 문제의 핵심과 규칙을 찾아 풀어 보시오.

문제 4-45 나의 나이 (레벨 2)

'저의 아버지는 제 나이를 3배하면 되고요, 저의 할아버지는 아버지 나이를 2배하면 되요, 그리고 우리 3사람의 나이를 모두 더하면 100살이예요. 저는 몇 살일까요?

문제 4-46 순이의 나이 (레벨 2)

철수는 7살인데 영이는 철수보다 3살이 많으며, 민수는 영이 나이의 반이고 순이는 민수 보다 8살이 많습니다. 순이는 몇 살일까요?

문제 4-47 디오판타스의 나이는? (레벨 2)

대수학의 아버지라 불리는 그리스의 수학자 디오판타스의 묘비명에는 이러게 쓰여있다. 그는 몇 살까지 살았을까?

'여기 무덤에 디오판타스가 있다. 아, 경이롭도다!
또한 무덤은 학문적으로 그의 생애를 얘기한다.
하느님은 그의 생애의 1/6을 소년으로 보내게 하시고;
1/12이 더해지는 동안 턱에서 수염이 자라게 하시었다.
그는 1/7이 지나서 결혼의 불꽃을 밝혔으며, 결혼 후 5년째에 아들을 얻었다.
오호라! 뒤늦게 태어난 비참한 아들은,
아버지 삶의 반을 살았을 때 으스스한 무덤을 가졌다.
4년 동안 이러한 수의 학문으로 그의 비통함을 위로 받은 후,
그는 그의 생애를 마쳤다.'

*대수학(代數學, algebra) : 숫자와 숫자를 대신하는 글자 및 기호와 그것들을 묶어서 지은 식으로 수의 성질이나 관계를 연구하는 수학. 준말은 대수(代數).
*묘비명(墓碑銘) : 묘비에 기록한 죽은 사람에 대한 글.
* 수의 학문 : 디오판타스가 연구한 대수학을 말함.

(84) 

문제 4-48 나의 나이 (레벨 2)

나는 내 인생의 4분의 1은 아무런 운동도 하지 않았습니다. 그러나 그 다음 7년은 축구에 빠져서 지냈고, 그 다음의 인생의 반은 축구를 했고 지금은 10년째 골프를 하고 있습니다. 내 나이는 몇 살일까요?

문제 4-49 아이들 나이 (레벨 3)

'애들 나이가 몇 살이지요? 승객이 택시기사에게 물었습니다. '셋의 나이를 곱하면 72이고, 더하면 오늘 태운 승객 수와 같습니다.' '충분하지 않습니다.' '그렇군요. 막내가 아주 귀엽습니다.' '아, 예! 알겠습니다.' 아이들의 나이는 큰 아이부터 몇 살일까요?

문제 4-50 할아버지의 나이 (레벨 3)

할아버지께서 말씀하십니다.

'내 손자가 살아온 날짜 수는 내 아들이 살아온 주일(7일) 수와 거의 같고, 또 내 손자가 살아 온 한 달은 내가 살아 온 1년과 같네. 그리고 우리 나이를 모두 더하면 100이 되지.'

할아버지의 나이는 얼마일까요?

(3) 진법 퍼즐

문제 4-51 외계인의 손가락 수 (레벨 2)

10진법의 자리값은 100, 10, 1입니다. 5진법의 자리값은 25, 5, 1입니다.

우리는 손가락이 10개이므로 10진법을 씁니다.

먼 우주의 어떤 나라에서는 이렇게 계산합니다.

$13 + 15 = 31$

$10 \times 10 = 100$

$6 \times 3 = 24$

외계인의 손가락은 몇 개일까요?

문제 4-52 외계인의 계산 (레벨 4)

어느 외계인은 우리처럼 10진법을 사용하고 숫자의 모양도 같으며 계산 원리도 같습니다. 그러나 보이는 숫자의 실제 값은 다릅니다. 이것은 외계인이 계산한 것입니다.

$$8 + 7 = 62$$
$$5 + 3 = 5$$
$$12 + 8 = 23$$
$$50 + 9 = 54$$
$$11 \times 1 = 55$$
$$0 - 9 = 1$$

이 외계인이 (78+2)를 계산하면 얼마일까요?

문제 4-53 새로운 연산 (레벨 4)

수학에서 사용하는 곱셈 기호(*)가 우리가 알고 있는 곱셈과 다른 연산을 합니다. 이러한 연산 방법으로 5*5를 계산하면 얼마일까요?

3 * 4 = 5
8 * 4 = 0
3 * 7 = 2
1 * 2 = 9

4.2 패턴과 유추 퍼즐

패턴과 유추 퍼즐은 IQ 테스트에서 많이 본 것과 유사한 문제로 주어진 그림의 흐름을 파악하고 유추하여 답을 구하는 그림 유추 퍼즐과 주어진 숫자의 반복 패턴 원리를 파악하여 답을 구하는 수 유추 퍼즐로 나누어집니다. 그림 유추 퍼즐은 그림 유추, 도형 유추, 패턴 유추 등이 있으며, 수 유추 퍼즐은 마방진, 수열 퍼즐, 원안의 숫자 맞추기 퍼즐 등이 있습니다.

패턴과 유추 퍼즐 문제를 풀기 위해서는 먼저 문제의 그림이나 숫자들을 잘 관찰한 후, 주어진 그림이나 숫자들을 비교하면서 나름대로의 추리에 의해 답을 구해야 합니다. 따라서 이러한 문제들을 풀어가면서 논리적인 유추력을 향상시킬 수 있으며, 이를 통해 창의적인 문제 해결력을 위한 사고 능력 또한 발전시킬 수 있을 것입니다.

(1) 그림 유추 퍼즐

문제 4-54 그림 유추 퍼즐 (레벨 1)

5개의 그림 중에서 나머지 4개와 가장 적은 공통점을 가진 것은 어느 것인가? 그 이유를 설명하라.

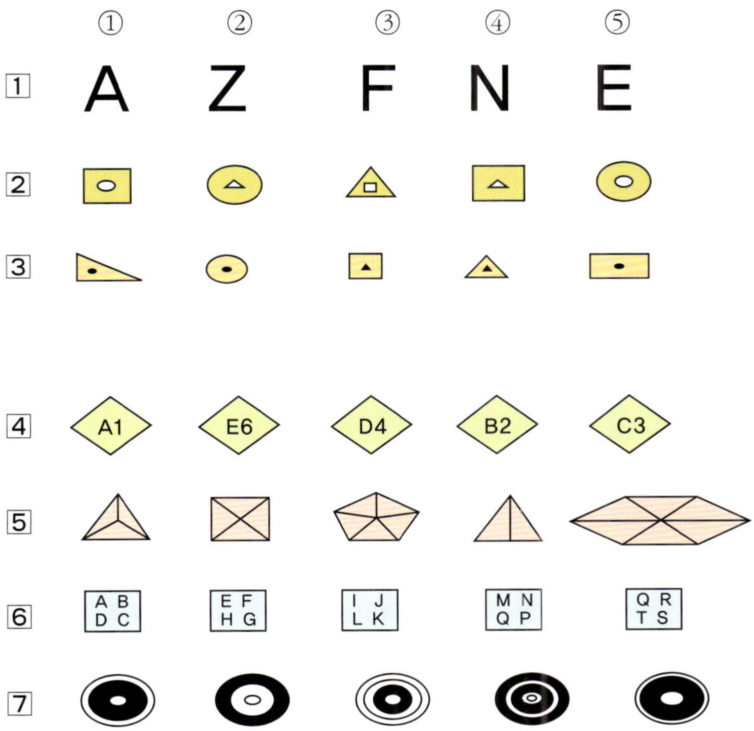

문제 4-55 비례 패턴 유추 (레벨 1)

비례식을 참조하여 '?'에 적합한 그림을 찾아라.

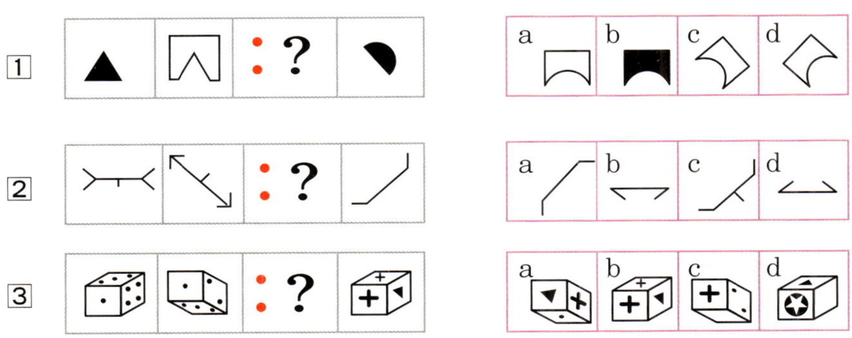

문제 4-56 패턴 유추 (레벨 1)

왼쪽 그림의 '?'에 해당하는 그림을 찾아라.

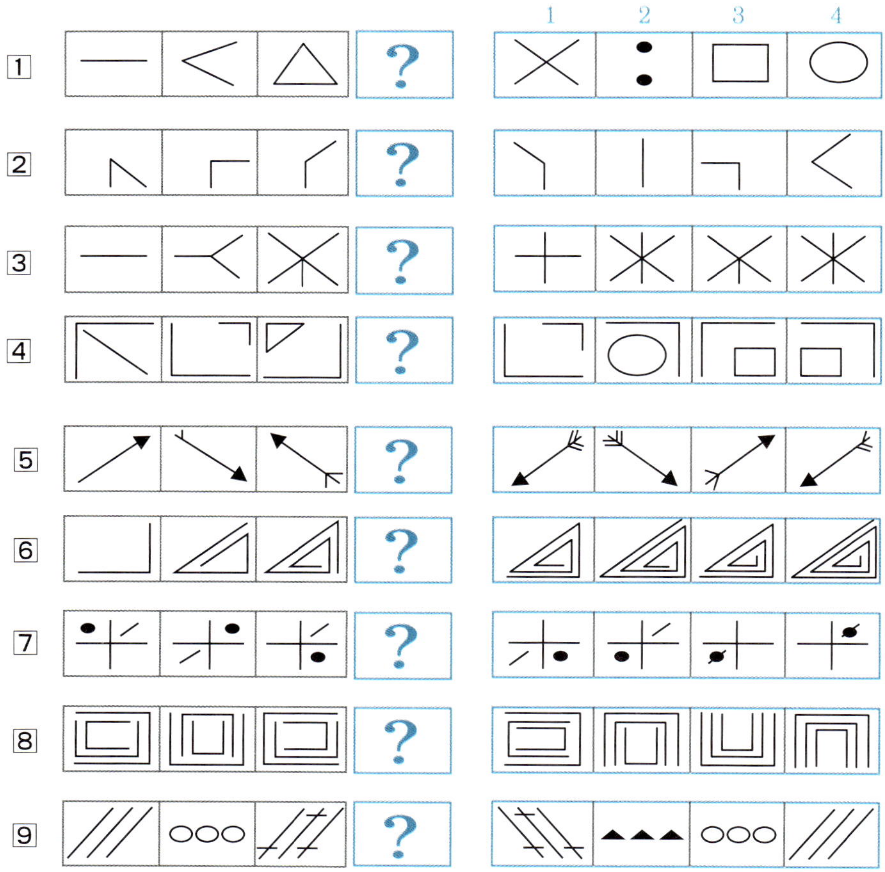

문제 4-57 도형 유추 (레벨 5) ★★★

세계 퍼즐 재단(WPF)에서 샘플로 제시한 문제입니다. '?'가 있는 칸에 알맞은 그림을 그려 보시오. 쉽지 않은 문제로 실제 도형을 만들어서 풀어 보시오.

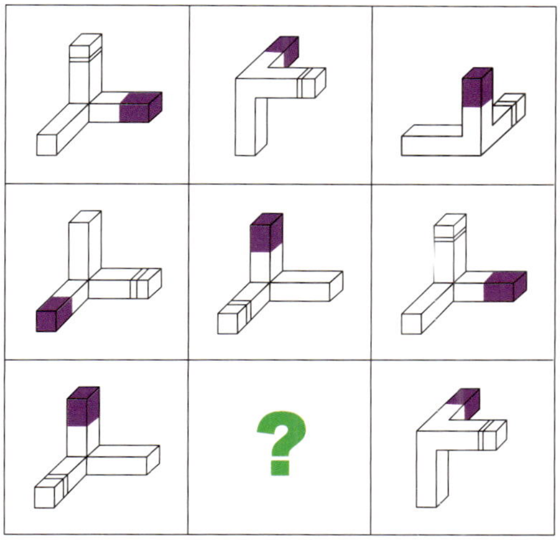

문제 4-57 | 풀이과정

위 문제를 풀기 위해서는 그림을 입체적으로 움직여야 한다. 따라서 먼저 맨 윗줄 첫 번째 그림을 두 번째 그림으로 만들기 위해서는 먼저 시계 방향으로 90도 회전한 후, 뒤 방향으로 90도 회전하면 된다.

예)  시계 방향 90도 회전 ⇒  뒤 방향 90도 회전 ⇒ 

(2) 수 유추 퍼즐

문제 4-58 수 유추 퍼즐 (레벨 3) ★★★

다음 그림과 같이 동그라미 3개가 있습니다. 나누어진 부분 안에 1, 2, 3, 4, 5, 6, 7의 숫자들을 한 번씩만 넣어 세 동그라미의 각각 한 동그라미 안에 포함되어 있는 숫자들의 합이 모두 같게 하려고 합니다. 여러 개의 답이 존재합니다. 모든 답을 구해 보시오.

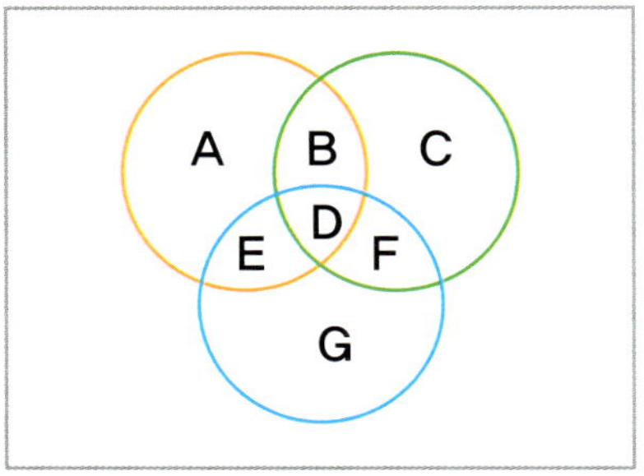

문제 4-58 | 풀이과정

이 문제의 핵심은 무엇일까? 바로 세 원에 모두 포함된 'D'의 값을 구하는 것입니다. 위의 그림에서 'A + B + D + E = B + C + D + F = D + E + F + G'의 각각의 합이 같아야 합니다. 'D'는 세 동그라미에 모두 포함되고 세원의 균형을 맞추기 위해서는 숫자들의 가장 중간이나 맨 앞 또는 맨 뒤의 숫자를 넣어야 적당하다는 것을 유추할 수 있습니다. 그러므로 'D'가 가능한 숫자는 4(중간), 1(맨앞), 7(맨뒤) 세 개의 숫자입니다. 그렇다면 이 3개의 숫자 이외의 숫자는 왜 안 되는지를 설명해 보시오.

D의 값이 정해지면, 'A + B + E = B + C + F = E + F + G'로 수식을 단순화할 수 있습니다. 이는 내포되지 않은 부분인 A, C, G와 내포된 부분인 B, E, F로 나눌 수 있으며, 조금만 더 생각하면 문제를 풀 수 있을 것입니다.

문제 4-59 진열장의 사과 (레벨 1)

9칸짜리 진열장이 있습니다. 가운데에는 과일을 넣지 않습니다. 나머지의 모든 칸에는 7개씩 사과가 들어 있습니다. 이 진열장의 규칙은 가로 세로의 과일(사과)의 개수가 21개가 되어야 문이 제대로 닫힙니다. 그런데 누가 사과를 꺼내어 먹고 나서 진열장을 아래와 같이 해 두고 문을 제대로 닫았다고 합니다. 사과 몇 개를 꺼내어 먹었을까요?

8개	?	8개
?		?
8개	?	8개

문제 4-60 어디로 그을까요? (레벨 1)

시계판에 교차하지 않는 2개의 직선을 그으면 3부분으로 나누어집니다. 각 부분의 숫자 합이 같도록 직선 2개를 그은 후, 3 영역의 숫자를 적으세요.

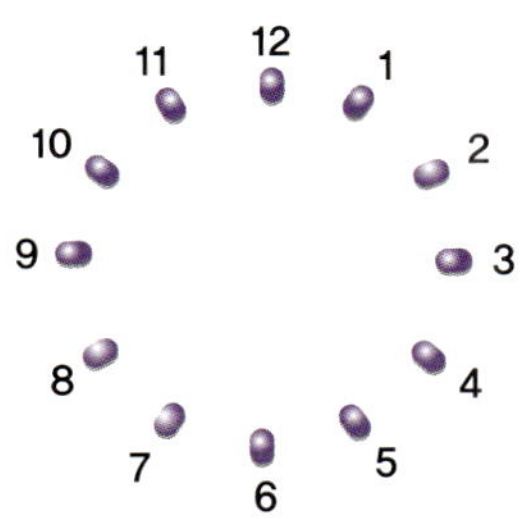

문제 4-61 수열 유추 (레벨 2)

'?'에 들어갈 알맞은 수를 유추해 보시오.

① 3, 7, 16, 32, 57, ?

②

3	4	5	6	7	8	9	10
?	?	52	63	94	46	?	?

③ 1, 1, 2, 4, 7, 13, 24, ?, ?, ?

④ O, T, T, F, F, S, S, ?

문제 4-62 올림픽기(Olympic flag) (레벨 2)

올림픽기는 5대륙을 상징하는 5개의 동그라미가 '세계의 결속' 을 의미하며 엮여있습니다. 아름다운 올림픽기의 동그라미 사이사이에, 위와 같이 1에서 9까지의 각각 다른 숫자를 적어 넣으면 모든 동그라미 속의 숫자 합이 똑 같아집니다. 합이 같은 경우는 모두 4가지가 있습니다(순서가 반대인 것은 같은 것입니다).

(1) 7 6 5 2 3 8 1 4 9
(2) 7 6 5 2 8 3 1 9 4
(3) 5 9 2 3 4 7 1 6 8
(4) ? ? ? ? ? ? ? ? 9

'?' 에는 어떤 숫자들이 있을까요? 왼쪽부터 8개를 순서대로 적어 보세요.

문제 4-63 무엇일까요? (레벨 2)

네모 속에 1, 2, 3, 4, 5, 6, 7, 8, 9를 하나씩 넣어서 바른 계산이 되는 몇 가지 방법을 찾아냈습니다. 맨 위의 줄이 194이면 나머지 네모에는 어떤 수를 넣어야 할까요?

$$\begin{array}{r} \square\,\square\,\square \\ +\ \square\,\square\,\square \\ \hline \square\,\square\,\square \end{array}$$

문제 4-64 축에는 어떤 수? (레벨 1)

12개의 살(spoke)과 하나의 축(hub)으로 된 바퀴가 있습니다. 살과 축에 1부터 13까지의 숫자를 하나씩 써 넣어서 직선에 있는 3개의 숫자 합이 모두 같게 하고 싶습니다. 축에는 얼마를 써 넣어야 할까요?

문제 4-64 | 풀이과정

이 문제는 레벨 1의 문제로 아주 단순한 생각만으로도 쉽게 빨리 풀 수가 있다. 어떻게 풀면 되는지 그림을 그리지 말고 답해 보세요.

문제 4-65 8진도 (레벨 2)

8개의 동그라미에 1, 2, 3, 4, 5, 6, 7, 8을 하나씩 넣어서 각 줄의 합이 같도록 하는 방법은 48가지입니다. 예를 들어 (1, 4, 8), (7, 띄우고, 3), (5, 6, 2) 이렇게 넣으면 각 줄의 합이 13으로 모두 같습니다.

첫째 줄에 (8, 1, 5)를 넣고 모든 줄의 합이 같도록 하면 '?'에는 어떤 숫자가 오게 될까요?

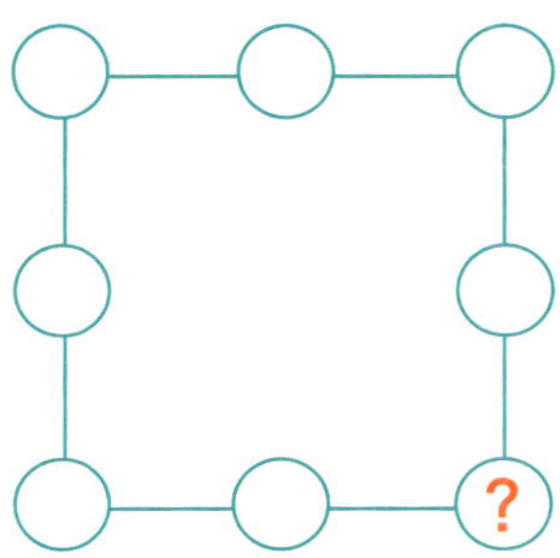

문제 4-65 | 풀이과정

첫 번째 줄이 (8, 1, 5)이고 수의 합은 14이므로 8의 세로 줄에 올 수 있는 경우의 숫자와 5의 세로줄에 올 수 있는 경우의 숫자를 먼저 구한 후 이들을 조합하여 풀면 쉽게 풀 수 있다.

문제 4-66 '짱수'는 몇 개입니까? (레벨 3)

이 숫자들은 '짱수'입니다. ('짱수'는 지어낸 말입니다.)

9, 41, 57, 73, 17, 89, 33

이 숫자들은 '짱수'가 아닙니다.

7, 22, 45, 8, 59, 36, 68, 13

다음 숫자들 중에서 '짱수'는 몇 개 있습니까?

4, 55, 63, 25, 49, 24, 77, 92, 38, 20

문제 4-67 숫자 패턴 (레벨 3)

'?'에는 어떤 숫자가 있어야할까요?

29, 59, 90, 120, 151, 181, ?, 243, 273, 304, 334, 365

문제 4-68 마술 별(magic star) (레벨 2)

동그라미 속에 1 ~ 12의 숫자 하나씩을 넣어서 직선위에 있는 숫자의 합이 모두 같도록 할 수 있습니까? 그렇다면 빨간 점이 있는 곳의 숫자는 얼마입니까?

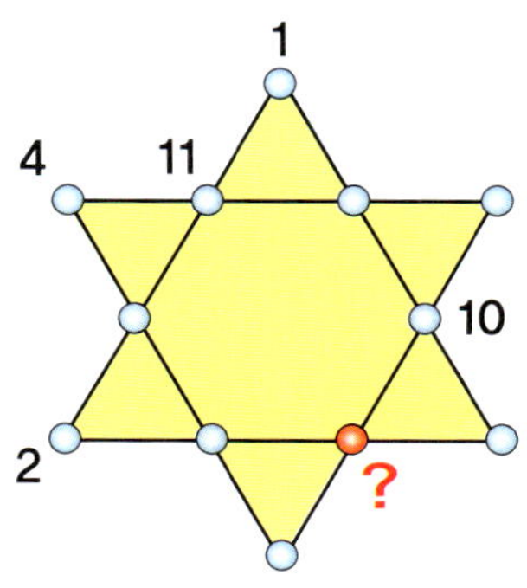

문제 4-68 | 풀이과정

가장 많은 숫자가 있는 줄 (1, 11, ?, 2)에서 가장 작은 숫자 1과 2가 포함되어 있으므로 '?'에 들어 갈 숫자를 유추할 수 있다.

문제 4-69 마술 삼각형 (레벨 1)

A~F에 1~6의 숫자를 하나씩 넣어서 (A + B + C = C + D + E = E + F + A)가 되는 삼각형을 마술 삼각형(magic triangle)이라 하는데 방법은 24가지가 있습니다.
A = 1, D = 2인 경우의 마술 삼각형을 만들어 알파벳 순으로 적어 보세요.

문제 4-70 네모 속의 숫자는? (레벨 4)

9개의 네모 속에는 1부터 9까지의 9개 숫자가 하나씩 들어 있습니다. 처음 2칸의 숫자는 무엇일까요?

□□ ÷ □□□ + □□ ÷ □□ = 7

문제 4-71 숨은 숫자는? (레벨 4)

0에서 9까지의 숫자가 알파벳 대문자 탈을 쓰고 숨어 있습니다. 같은 숫자는 같은 탈을 씁니다. T의 탈을 쓴 숫자는 얼마입니까?

$$9 \times \text{HATBOX} = 4 \times \text{BOXHAT}$$

문제 4-72 two(투)는 얼마일까요? (레벨 3)

알파벳은 0에서 9사이의 어떤 숫자인데, 같은 알파벳은 같은 숫자이고 다른 알파벳은 다른 숫자입니다. o와 t는 0이 아니고 n은 9입니다. two는 얼마일까요?

```
    one
+   one
---------
    two
```

문제 4-73 ELEVEN(일레븐, 11)은 얼마? (레벨 3)

알파벳은 0~9 사이의 숫자이고, 같은 알파벳은 같은 숫자입니다. 물론 숫자의 처음은 0이 아닙니다. ELEVEN은 얼마일까요?

```
     O N E
     T W O
     T W O
   T H R E E
+  T H R E E
-------------
 E L E V E N
```

문제 4-74 수는 무엇일까요? (레벨 2)

'?'에 있는 수는 무엇일까요?

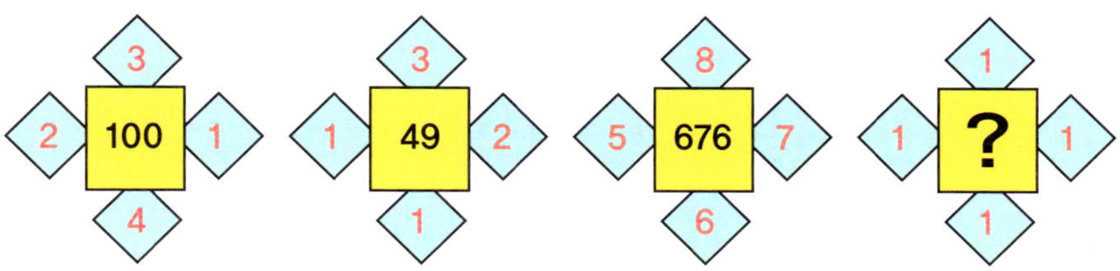

문제 4-74 | 풀이과정

100, 49, 676의 숫자가 어떤 수인지를 알면 쉽게 답을 구할 수가 있다.

(3) 그래프 유추 퍼즐

문제 4-75 그래프 유추 퍼즐 (레벨 1)

쾨니히스베르크에는 프레겔 강이 흐르고 있고, 이 강에는 두 개의 큰 섬이 있습니다. 그리고 이 섬들과 도시의 나머지 부분을 연결하는 7개의 다리가 있는데, 7개의 다리들을 한 번만 건너면서 처음 시작한 위치로 돌아오는 길을 찾아보시오.

문제 4-75 | 풀이과정

여러분들은 이 문제를 풀기 위해 여러 번 시도를 해 봤을 것입니다. 그리고 쉽지 않다고 느꼈을 것입니다. 7개의 다리를 순서대로 모두 건너려면, $7! = 7 \times 6 \times 5 \times 4 \times 3 \times 2 \times 1 = 5040$ 번 경우의 수가 발생하고 이 모두를 다 건너는 것은 무의미하다.

수학자 오일러는 1732년에 이 문제를 풀기 위해 이 다리와 길들을 단순화한 그림으로 표현하였는데, 이 그림은 그래프라 하며, 이 후로 그래프에 대한 연구가 시작되었다.

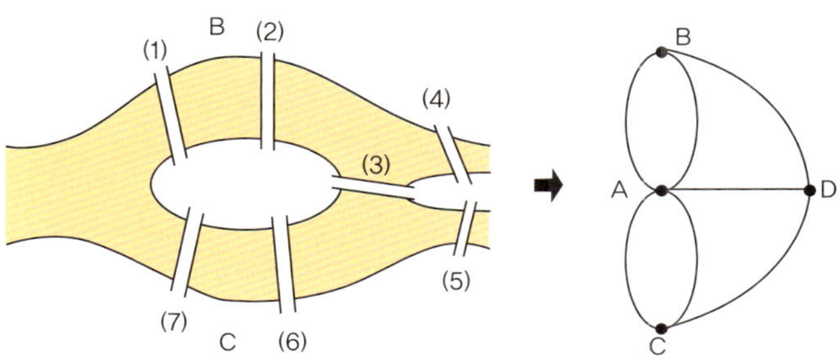

결론적으로 이 문제를 푼다는 것은 불가능하다. 그렇다면 시작점과 끝나는 점이 다르다고 하면 모든 다리와 길을 다 건널 수 있을까? 한번 시도해 보시오.

'한붓 그리기' (펜을 떼지 않고 그림 전체를 그리기)가 가능하려면 어떤 조건을 만족해야 할까? 한번 생각해 보시오.

'한붓 그리기' 가 가능하려면, 다음의 조건을 만족해야 합니다.

① 시작점과 끝나는 점이 일치하려면, 그래프의 모든 정점(vertex)의 선의 갯수는 모두 짝수이어야 합니다.

② 시작점과 끝나는 점이 같지 않다면, 그래프에서 선의 갯수가 홀수인 정점이 두 개만 있어야 합니다.

아래 그림은 어떤 조건의 '한붓 그리기' 가 가능한가?

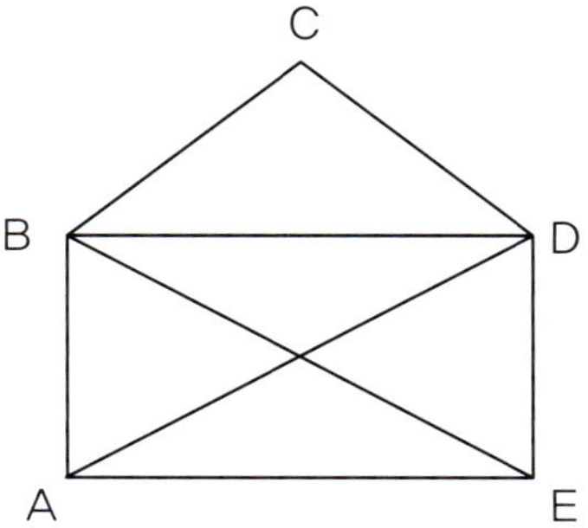

문제 4-76 돼지 그리기 (레벨 1)

얼짱(?) 돼지입니다.

연필을 최소 몇 번 떼면 이 그림을 그릴 수 있을까요?

문제 4-77 야자수 그리기 (레벨 1)

종이에서 연필을 떼지도 않고, 한 번 지나간 선을 또 지나가지 않으면서 야자수 나무를 그리고 싶습니다. 어떻게 그려야 할까요? 순서대로 번호를 적어 보세요.

문제 4-78 9개의 점 (레벨 2)

어떻게 하면 연필을 떼지 않고, 점을 두 번 지나지 않고, 직선 4개를 그어서 모든 점을 지나갈 수 있습니까?

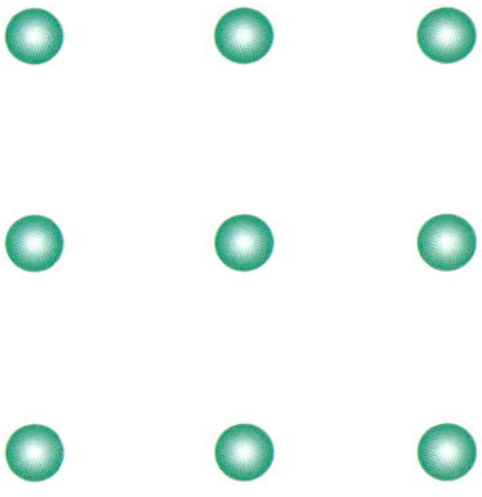

05 알고리즘 퍼즐

알고리즘 퍼즐이란 알고리즘 설계에 기초하여 문제 상황에서의 제약 조건을 명확하게 인식하고 분석하고 해석하는 과정을 통해 가장 효율적인 문제 해결 방법을 찾아내는 퍼즐입니다. 가장 효율적인 문제 해결 방법을 찾아내기 위해서는 문제 해결 과정을 다양한 형태의 알고리즘으로 만들어보고 평가해 보는 과정이 필요하기 때문에, 정해진 알고리즘을 배우는 것보다는 문제 해결 과정을 다양한 형태의 알고리즘으로 만들어 볼 수 있는 퍼즐 문제를 가지고 여러분 스스로 알고리즘을 만들어보는 과정을 경험하는 것이 무엇보다 중요합니다.

이러한 알고리즘 퍼즐은 기억력보다는 고차적인 사고력과 직관력 및 통찰력을 키울 수 있으며, 문제에서 주어진 상황에 대해 어떤 전략을 써야 하고 어떤 방식으로 해결 방법을 찾을까 고민하는 과정에서 오류를 통한 시행착오를 경험하면서 논리적인 사고력과 문제 해결력을 향상시킬 수 있습니다.

5.1 절차 퍼즐

절차 퍼즐은 물 항아리 퍼즐, 모래시계 퍼즐, 모빌 퍼즐, 저울 퍼즐 등이 있으며, 이러한 퍼즐은 많은 사고를 필요로 하지만, 아주 흥미롭고 재미있어 세계적으로도 유명한 문제들이 많이 있습니다. 특히 절차 퍼즐은 문제를 풀기 위해 한 단계씩 순서에 의해 차례차례로 풀어가는 절차(procedure)적인 사고를 요구합니다.

따라서 절차 퍼즐 문제들을 풀어가면서 여러분들은 논리력(logic), 직관력(intuition), 문해력(reading comprehension), 비교 분석력(comparative analysis), 적응력(processing speed) 등의 통합적인 향상과 더불어 절차적 사고력을 발전시킬 수 있습니다.

(1) 물항아리 퍼즐

"Water is important to every living thing. Have some fun with water."
"물은 살아 있는 모든 것들에게 중요합니다. 물과 함께 즐거움을 가져 보세요."

이 말은 이스라엘 국립 재단(JNF)에서 이스라엘 국민에게 제공하는 물 항아리 퍼즐 문제의 머리말입니다. 우리도 물놀이를 통하여 즐거움을 맛봅시다.

문제 5-1 3*l*, 5*l*, 8*l* 물항아리 (레벨 2) ★

탁자 위에 3*l*, 5*l*, 8*l* 물항아리 3개가 있습니다. 3*l*와 5*l* 물항아리는 비어 있고, 8*l* 물항아리에는 물이 가득 들어 있습니다. 최소 몇 번 물을 부으면 5*l*와 8*l* 물항아리에 각각 4*l*의 물을 채울 수 있을까요? (단, 물을 부을 때는 항아리가 가득 차도록 물을 붓는다)

문제 5-1 | 풀이과정

이 문제의 핵심은 '최소 물을 몇 번 붓는가' 입니다. 만약 8*l* 물항아리를 3*l*나 5*l* 물항아리에 먼저 물을 붓고 문제를 풀어 그 답을 말했다면, 그 답이 정답이라 할지라도 운이 좋게 답을 맞추었다고 말할 수 있습니다. 왜냐하면 그 답이 정답일 확률은 최대 50%밖에 되지 않기 때문입니다. 만약 당신이 그렇게 문제를 풀었다면, 당신은 당신의 성급함을 반성해야 합니다. 이 문제를 풀기 위해서는 8*l* 물항아리를 3*l* 물항아리에 먼저 물을 붓는 방법으로 문제를 푼 후, 다시 8*l* 물항아리를 5*l* 물항아리에 먼저 물을 붓는 방법으로 문제를 풀어야 합니다.

퍼즐 문제는 문제를 풀기 위한 과정을 어떠한 방법으로 표현하는가도 아주 중요하다. 이 표현법이 올바르지 않으면 문제를 굉장히 복잡하게 풀 수 있기 때문입니다.

다음 표는 2가지 방법으로 문제를 푸는 과정을 나타낸 것입니다. 여러분의 표현법과 비교해 보세요. 어떠한 표현법이 더 좋은가? 문제를 푸는 과정을 어떻게 표현하는 지에 대한 표현법도 문제를 해결하는데 필요한 창의적 사고력입니다.

8*l* 물항아리를 3*l* 물항아리에 먼저 물을 부으면 8번, 8*l* 물항아리를 5*l* 물항아리에 먼저 물을 부으면 7번입니다.

문제는 당신이 정답을 맞추었다고 끝나는 것은 아닙니다. 이 문제를 다른 사람들보다 빨리 그리고 정확하게 풀기 위해서 당신은 어떠한 전략을 사용했는가? 아마 당신은 전략 없이 그냥 이리 저리 물을 붓다 보니 답이

방법 1				방법 2			
	8ℓ	5ℓ	3ℓ		8ℓ	5ℓ	3ℓ
초기	8	0	0	초기	8	0	0
①	5	0	3	①	3	5	0
②	5	3	0	②	3	2	3
③	2	3	3	③	6	2	0
④	2	5	1	④	6	0	2
⑤	7	0	1	⑤	1	5	2
⑥	7	1	0	⑥	1	4	3
⑦	4	1	3	⑦	4	4	0
⑧	4	4	0				

나왔을 것입니다.

그렇다면 이 문제를 풀기 위해서는 어떠한 전략이 필요할까 잠시 곰곰이 생각해보시오. '곰' 을 거꾸로 보면 '문'이 됩니다. 이 전략의 '문' 무엇일까?

처음부터 4*l*를 만들기는 쉽지 않습니다. 그렇다면 문제를 단순화시켜 4*l*를 만들기 위해서는 몇 *l*를 만들면 될까요? 답은 1*l*입니다. 즉, 3*l* 물항아리가 있으므로 다른 물항아리에 1*l*만 들어 있으면 4*l*는 쉽게 만들 수 있습니다. 바둑에서 한 수 앞을 내다보듯이 이 물항아리 퍼즐에서 한 수 앞을 내다볼 수 있다면 문제를 훨씬 쉽고 빨리 풀 수 있을 것입니다. 물론 두 수 앞을 내다본다면 더 좋겠지만...

나는 이 문제를 풀면서 왜 이러한 생각을 못했을까? 또 반성해야 합니다. 그리고 앞으로는 내 스스로 이러한 전략을 생각해 낼 수 있도록 문제를 풀기 전에 생각하고 또 생각해야 합니다. 습관화될 수 있도록...

자주 이러한 반성과 생각을 하다 보면, 나도 모르게 나의 창의성이 향상되어 있을 것입니다.

문제 5-2 | 9*l*, 4*l*, ∞ 항아리 (레벨 2)

물이 많이 들어 있는 커다란 물통 그리고 9*l*와 4*l* 항아리를 사용하여 7*l*의 물을 모으려고 한다. 최소 몇 번 물을 부으면 9*l* 양동이에 7*l*의 물을 채울 수 있을까? 또한 이 문제에서의 전략은 무엇인가? (단, 물을 부을 때는 항아리가 가득 차도록 물을 붓는다)

문제 5-3 | 14*l*, 9*l*, 5*l* 물항아리 (레벨 2)

14*l*, 9*l*, 5*l* 물항아리 3개가 있습니다. 9*l*와 5*l* 물항아리는 비어 있고, 14*l* 물항아리에는 물이 가득 들어 있습니다. 최소 몇 번 물을 부으면 14*l*와 9*l* 물항아리에 각각 7*l*의 물을 채울 수 있을까? 또한 이 문제에서의 전략은 무엇인가? (단, 물을 부을 때는 항아리가 가득 차도록 물을 붓는다)

문제 5-4 11*l*, 6*l*, ∞ 양동이 (레벨 2)

농장의 일꾼이 8*l*의 물을 뜨려고 연못에 갔다. 그가 가지고 간 양동이는 11*l*과 6*l*짜리 2개입니다. 최소 몇 번 물을 부으면 11*l* 양동이에 8*l*의 물을 채울 수 있을까? 또한 이 문제에서의 전략은 무엇인가? (단, 물을 부을 때는 항아리가 가득 차도록 물을 붓는다)

문제 5-5 24*l*, 13*l*, 11*l*, 5*l* 향신료 병 (레벨 2)

강도 3명이 어떤 사람한테서 24*l*가 들어 있는 향신료 병을 빼앗았습니다. 도망을 치면서 유리병 파는 사람을 만나 빈병 3개를 또 빼앗았습니다. 안전한 곳에 이르러 빼앗은 향신료를 똑 같이 나누려고 하지만 가져 온 빈병 3개는 5*l*, 11*l*, 13*l* 짜리였습니다. 그들은 어떻게 하면 똑같이 나눌 수 있을까요?

(2) 모래시계 퍼즐

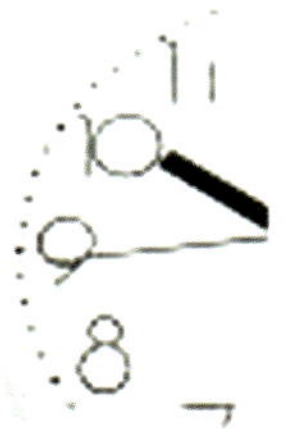

'시계 중에서 부속이 가장 간단한 시계는 어떤 시계입니까?'
시계 박물관의 안내인이 관람객들에게 물었습니다. 그러자 똑똑한 사람이 대답했습니다.
'해시계입니다.'
'그러면, 가장 복잡한 시계는 어떤 시계입니까?
'..................' .
아무도 대답하지 못했습니다. 무슨 시계일까요?

답은 모래시계입니다. 모래시계(hourclock)는 가운데가 잘록한 8자모양의 그릇에 고운 모래를 넣어 모래가 위에서 아래로 흘러내리는 것으로 시간을 재는 시계입니다.

문제 5-6 7분과 11분 모래시계 (레벨 1)

'7분과 11분을 잴 수 있는 2개의 모래시계로 15분이 걸리는 달걀 요리를 하려면 모래시계를 어떻게 뒤집으면 되는지 그 절차를 적어 보시오. 그리고 어떻게 하면 모래시계 퍼즐 문제를 빨리 풀 수 있는지에 대한 전략도 세워 보시오. (단, 모래시계의 모래는 아래에만 있고 뒤집는 시간은 무시한다고 가정하며, 연속적으로 15분을 계산할 수 있어야 합니다)

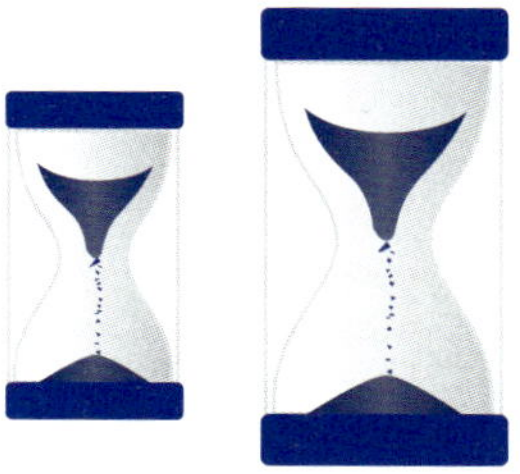

문제 5-6 | 풀이과정

아주 쉬운 문제로 거의 다 풀었을 것입니다. 그렇다면 문제는 '15분을 계산하기 위한 전략은 무엇인가?'입니다. 7분과 11분을 이용하여 15분을 계산하려면, 15 − 11 = 4 즉, 4분을 찾으면 됩니다. 11 − 7 = 4이므로 쉽게 4분을 찾을 수 있습니다.

따라서 15분을 계산하는 절차는 아래와 같습니다.

① 7분 모래시계와 11분 모래시계를 동시에 뒤집는다.
② 7분 모래시계가 끝나면 달걀 요리를 시작합니다.
③ 11분 모래시계가 끝나면 바로 11분 모래시계를 뒤집는다.
④ 11분 모래시계가 끝나면 요리를 끝낸다.

문제 5-7 5분과 7분 모래시계 (레벨 2)

5분, 7분짜리 모래시계로 11분을 재려면 어떻게 하면 될까? 절차와 전략을 적어 보시오. (단, 모래시계의 모래는 아래에만 있고 뒤집는 시간은 무시한다고 가정하며, 연속적으로 11분을 계산할 수 있어야 합니다)

문제 5-8 4분과 7분 모래시계 (레벨 2)

4분, 7분짜리 모래시계로 9분을 재려면 어떻게 하면 될까? 절차와 전략을 적어 브시오. (단, 모래시계의 모래는 아래에만 있고 뒤집는 시간은 무시한다고 가정하며, 연속적으로 9분을 계산할 수 있어야 합니다)

문제 5-9 모래시계 응용 (레벨 3) ★

두 종류의 모래시계가 있습니다. 하나는 13초짜리이고 다른 하나는 22초짜리입니다. 동시에 두 모래시계의 모래를 흘러내리게 하여 모래가 다 흘러내린 모래시계는 뒤집기를 합니다. 뒤집는데 걸리는 시간은 2초이며, 뒤집는 동안에는 모래가 흘러내리지 않는다고 가정합니다. 처음으로 두 모래시계가 동시에 끝나는 것은 몇 초 후일까? 이 문제를 빨리 풀기 위한 전략은 무엇인가?

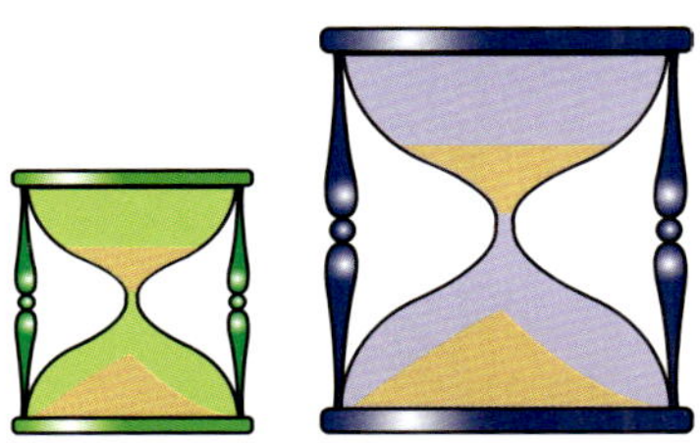

(3) 무게 균형 모빌 퍼즐

모빌(Mobile)은 실제 움직이도록 만든 물체(또는 작품)입니다. 이제까지의 작품들은 움직이지 않는 모양에 움직임을 느낄 수 있도록 했으나, 모빌은 실제 공간에서 계속 움직이며 변화합니다. 3차원에 움직임을 더한 4차원적 세계입니다.

이것은 어린이를 위한 모빌입니다.

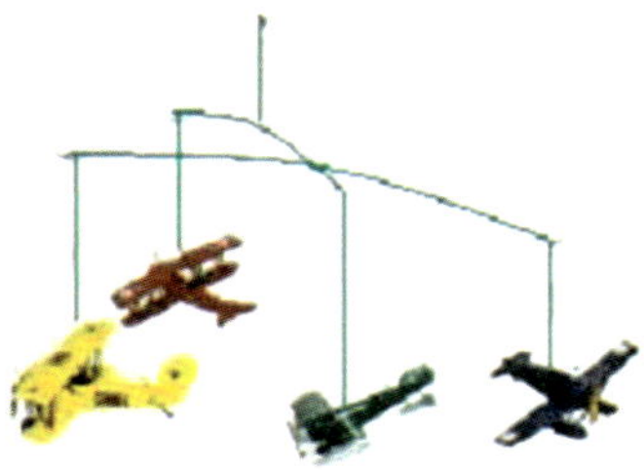

이것은 4차원적 모빌 공간에서 아예 공연까지 하는 모습입니다. 5차원일까요?

평형을 이루는 것은 아름답습니다.

문제 5-10 이단 모빌 (레벨 1)

이단 평형 모빌 문제입니다. 이러한 경우에는 아랫단도 평형을 이루고, 윗단도 평형을 이루어야 합니다. 또한 아랫단이 윗단에 걸리는 힘은 아랫단에 있는 추의 무게를 더한 것과 같습니다. 물음표('?')에는 몇 그램짜리 추를 걸어야 할까요? (단, 추의 단위는 그램입니다)

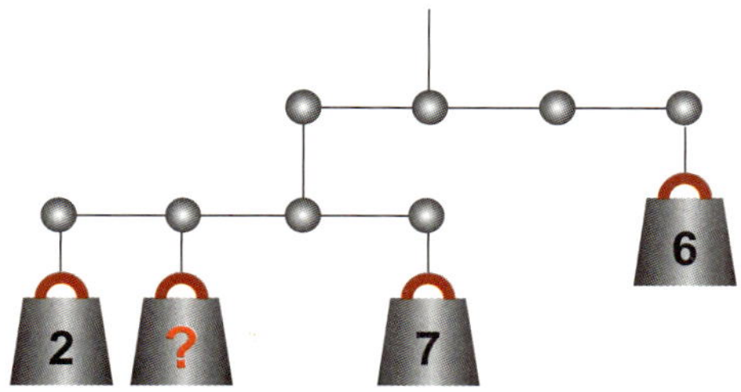

문제 5-10 | 풀이과정

모빌이 평형을 이루려면 받침점에 작용하는 힘은 왼쪽과 오른쪽이 같아야 합니다. 받침점에 작용하는 힘은 거리와 추의 무게를 곱하여 구합니다.

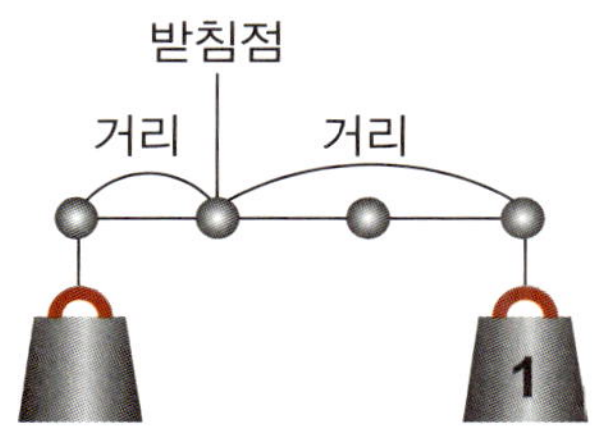

위 그림의 모빌에서 왼쪽 추의 무게가 얼마일 때 평형을 이룰까? 2그램입니다.

- 왼쪽 받침점에 작용하는 힘 = 거리 × 추의 무게 = 1 × 2 = 2
- 오른쪽 받침점에 작용하는 힘 = 거리 × 추의 무게 = 2 × 1 = 2

왼쪽과 오른쪽이 같으므로 평형을 이루게 됩니다.

문제의 2단 모빌에서 받침점 오른쪽에 작용하는 힘은 2 × 6 = 12이므로 왼쪽에 작용하는 힘은 "아랫단이 윗단에 걸리는 힘은 아랫단에 있는 추의 무게를 더한 것과 같습니다" 이므로 1 × (2 + '?' + 7) = 12이어야 합니다.

문제 5-11 일단 모빌 (레벨 1)

추를 걸 수 있는 곳이 한 개의 줄(일단)입니다. 물음표('?') 있는 곳에는 몇 그램의 추를 걸어야 할까요?

(1)

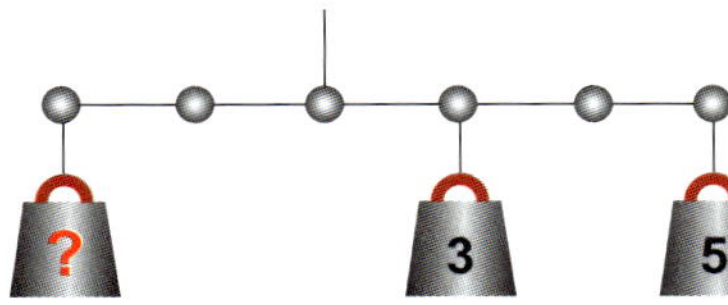

(2)

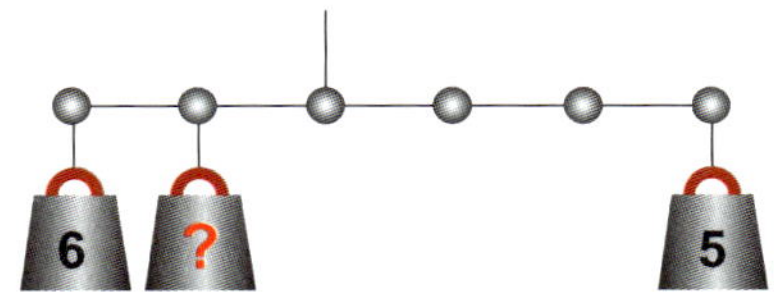

(3)

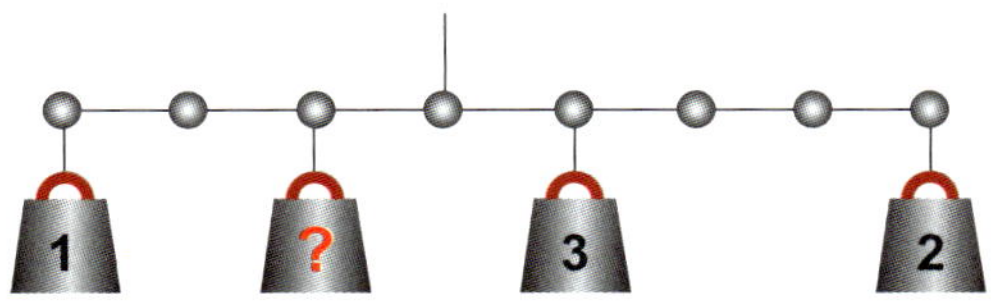

(4)

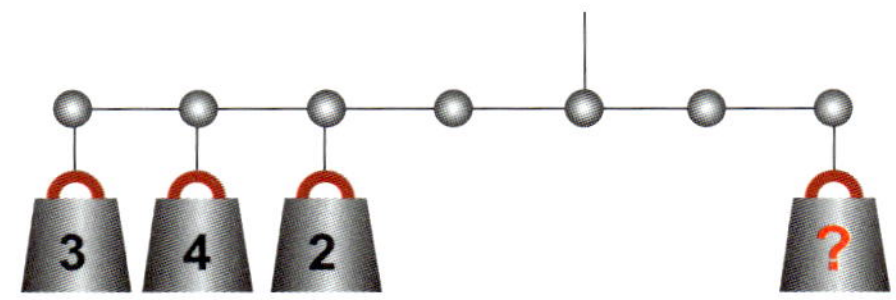

문제 5-12 이단 모빌 (레벨 1)

추를 걸 수 있는 곳이 두 개의 단(이단)입니다. 이러한 경우에는 아래의 단도 평형을 이루고 위의 단도 평형을 이루어야 합니다. 또한 아래의 단이 위의 단에 걸리는 힘은 아랫단에 있는 추의 무게를 더한 것과 같습니다. 물음표('?')에는 몇 그램짜리 추를 걸어야 할까요?

(1)

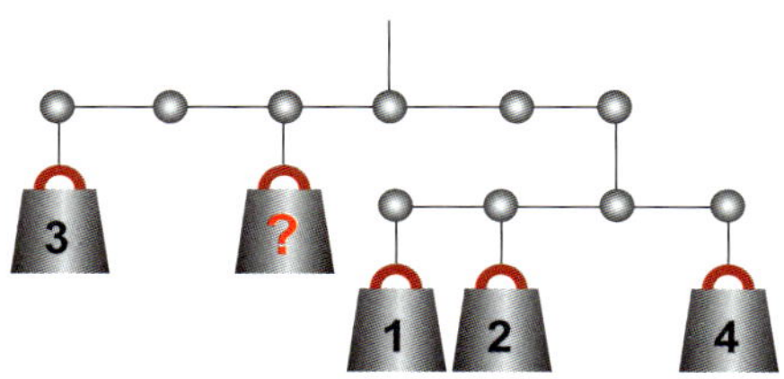

(2)

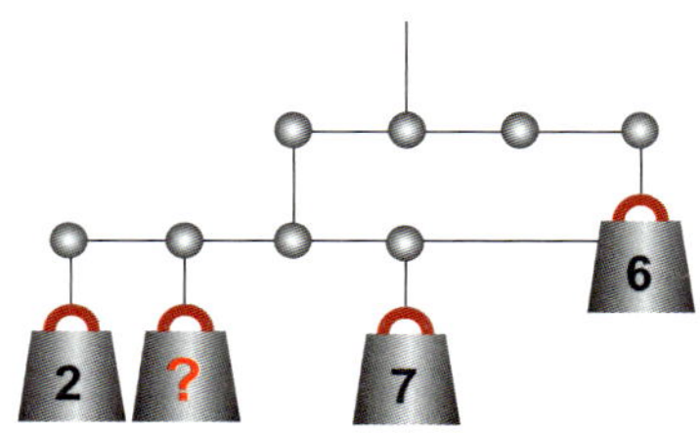

문제 5-13 이단 모빌 (레벨 2)

추는 1~5그램까지 5개가 있습니다. A~E 추의 무게는 얼마인가요?

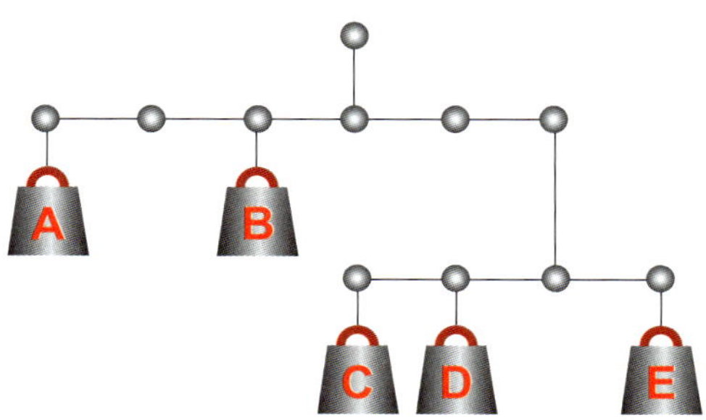

문제 5-14 삼단 모빌 (레벨 2)

추는 1~6그램까지 6개가 있습니다. '?' 추의 무게는 몇 그램인가?

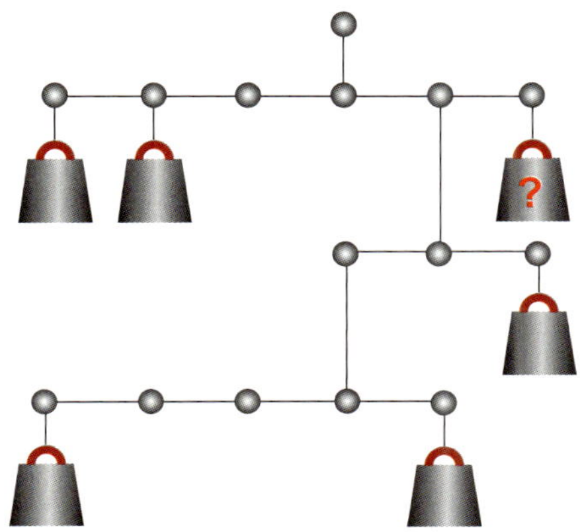

문제 5-15 이단 모빌 (레벨 3)

추는 1~7그램까지 7개가 있습니다. '?'에 있는 추의 무게는 얼마입니까?

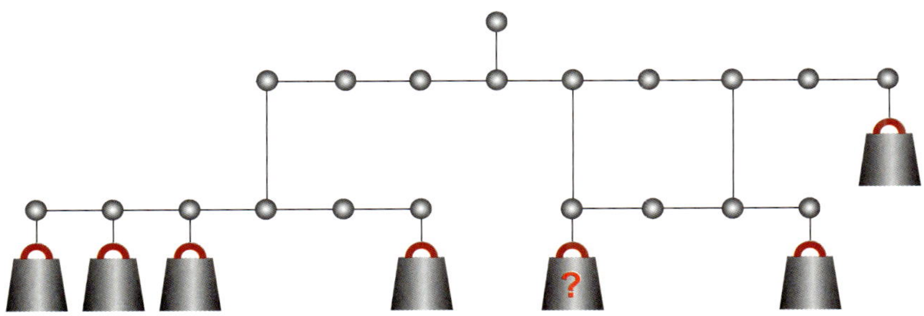

문제 5-16 삼단 모빌 (레벨 4) ★

추가 1~12그램까지 12개가 있습니다. '?'에는 몇 그램의 추가 있어야 할까요?

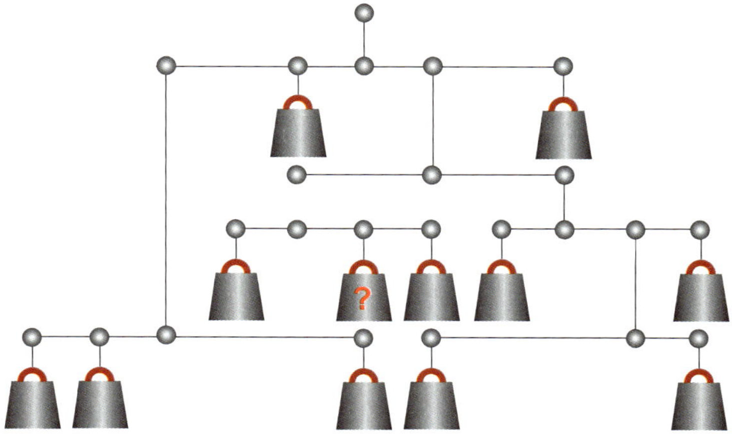

문제 5-17 오단 모빌 (레벨 5)

1그램부터 20그램까지 20개의 추로써 모빌을 만들었습니다. '?'에는 몇 그램의 추가 있을까요?

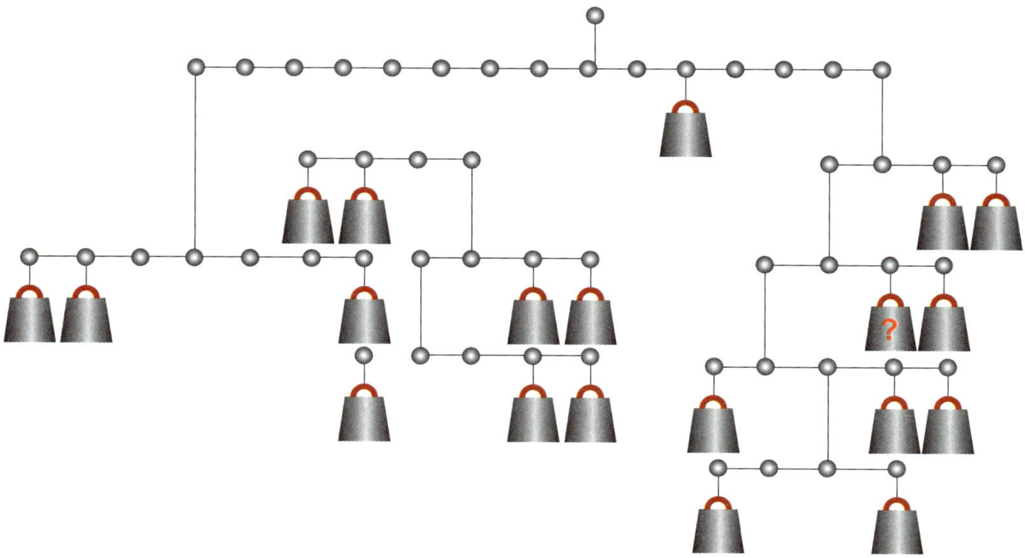

(4) 균형 저울 퍼즐

균형퍼즐은 동전, 달걀 등과 같이 겉보기가 같은 것들을 여러 개 모아 놓고, 양팔 저울을 제한된 회수로 사용하여 무게 등이 다른 것 하나를 찾는 퍼즐입니다.

'9개의 동전이 있는데 겉보기는 모두 같지만 한 개는 위조된 것으로 다른 8개보다 무게가 조금 가볍다. 그러나 무게 차이가 너무 적어서 손으로는 느낄 수 없다. 양팔 저울을 2번만 사용하여 위조된 동전을 찾을 수 있겠는가?' 한번 풀어 보세요.

이것이 대표적으로 많이 알려진 문제입니다. 이러한 문제를 해결하여 봅시다.

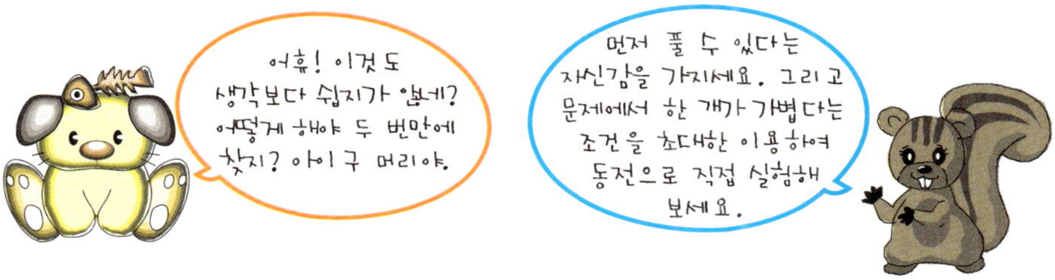

문제 5-18 9개의 동전 (레벨 1)

9개의 동전 중에는 무게가 다른 한 개가 있습니다. 그것을 찾으려고 양팔 저울에 동전을 얹어 보았다.

[절차 1] 왼쪽 접시에 (1, 2, 3), 오른쪽 접시에 (4, 5, 6)의 동전을 얹으면 왼쪽이 올라 간다.
[절차 2] 왼쪽 접시에 (1, 2, 3), 오른쪽 접시에 (7, 8, 9)의 동전을 얹으면 기울어지지 않는다.
[절차 3] 왼쪽 접시에 (4), 오른쪽 접시에 (5)를 얹어도 기울어지지 않는다.

무게가 다른 동전은 어느 것인가요?

문제 5-18 | 풀이과정

크게 어렵지 않은 문제로 대부분은 풀었을 것입니다.

[절차 1]에서 (1, 2, 3) 동전 중에서 가벼운 동전이 있거나, (4, 5, 6) 동전 중에서 무거운 동전이 있음을 알 수 있습니다.

[절차 2]에서 (1, 2, 3)과 (7, 8, 9)의 동전은 무게가 같음을 알 수 있습니다. 따라서 (4, 5, 6) 동전 중에서 무거운 동전이 있음을 유추할 수 있습니다.

[절차 3]에서 (4)와 (5)의 동전은 무게가 같음을 알 수 있습니다. 따라서 (6)의 동전이 무거운 동전임을 유추할 수 있습니다.

문제 5-19 위조된 동전의 무게를 알고 있을 때

여러 개의 동전 가운데 위조된 동전이 하나 있습니다. 그리고 위조된 동전은 정상적인 동전보다 무게가 조금 가볍습니다. 양팔 저울을 사용하여 위조된 동전 찾아 보려고 합니다.

(1) 하나의 동전이 있습니다. (레벨 1)
위조 동전인지 정상 동전인지 알 수 있습니까?
(2) 2개의 동전이 있습니다. (레벨 1)
양팔 저울을 한 번 사용하여 위조 동전을 찾을 수 있겠습니까?
(3) 3개의 동전이 있습니다. (레벨 1)
양팔 저울을 한 번 사용하여 위조 동전을 찾을 수 있겠습니까?
(4) 4개의 동전이 있습니다. (레벨 2)
양팔 저울을 몇 번 사용하면 위조 동전을 찾을 수 있겠습니까?
(5) 5개에서 9개까지도 생각해 보세요. 그리고 전체적으로 어떤 방법이 가장 효율적인가도 생각해 보세요. (레벨 2)

문제 5-20 위조된 동전의 무게를 모르고 있을 때

여러 개의 동전 가운데 위조된 동전이 하나 있다고 합시다. 그리고 위조된 동전은 정상적인 동전 보다 무게가 조금 다르다는 것은 알고 있지만 가벼운지 무거운지는 알지 못합니다. 양팔 저울을 사용하여 위조된 동전을 찾아 보세요.

(1) 하나의 동전이 있습니다. (레벨 1)
위조 동전인지 정상 동전인지 알 수 있습니까?
(2) 2개의 동전이 있습니다. (레벨 1)
위조 동전인지 정상 동전인지 알 수 있습니까?
(3) 3개의 동전이 있습니다. (레벨 1)
양팔 저울을 몇 번 사용하면 위조 동전을 찾을 수 있겠습니까?
(4) 4개의 동전이 있습니다. (레벨 2)
양팔 저울을 몇 번 사용하면 위조 동전을 찾을 수 있겠습니까?
(5) 5개에서 9개까지도 생각해 보세요. 그리고 전체적으로 어떤 방법이 가장 효율적인가도 생각해 보세요. (레벨 2)

문제 5-21 12개의 동전 (레벨 3) ★

겉보기가 똑 같은 12개의 동전이 있습니다. 무게는 한 개가 다르다. 그러나 무거운지 가벼운지는 알 수 없습니다. 저울을 최소 몇 번 사용하면 무게가 다른 하나의 동전을 찾아낼 수 있을까요? 찾을 수 있는 전략을 설명해 보시오.

문제 5-22 가방의 구슬 수 (레벨 2)

똑 같은 구슬 150개가 6개의 가방에 담겨서 양팔저울에 균형이 맞게 올려 있습니다. 가방에 있는 구슬의 수는 아래와 같습니다.

가방 1 + 가방 2 = 56 개
가방 1 + 가방 3 = 54 개
가방 2 + 가방 3 = 40 개

가방 4 + 가방 5 = 61 개
가방 4 + 가방 6 = 37 개
가방 5 + 가방 6 = 52 개

2번 가방에는 몇 개의 구슬이 있습니까?

5.2 관계와 전략 퍼즐

관계와 전략 퍼즐은 문제를 해결하는데 있어 가장 핵심적인 문제의 맥락(key point)을 찾아내는 훈련을 하는 퍼즐입니다. 이 퍼즐 문제들은 처음에는 어렵지 않게 생각하고 답을 제시하게 되지만, 그 답이 틀렸다는 것을 알고 난 후부터 고민을 하게 됩니다. 만약 당신의 생각을 전환하지 않으면, 사고의 무한 루프에 빠지게 됩니다. 이러한 문제를 풀기 위해서는 특히 문제를 겉으로만 판단하지 않도록 주의해야 합니다. 문제를 풀기 위한 당신의 첫 출발 즉, 첫 사고가 잘못되었기 때문입니다. 내가 무엇을 잘못 생각했는지, 내가 생각한 방법 이외의 다른 방법은 없는지를 찾아야 합니다. 이렇게 하다보면 더욱 파워풀한 사고력, 엄밀히 말하면 사고의 기술(thinking skills)을 키울 수가 있습니다. 나 자신을 믿고 충분한 시간을 가지고 끝까지 생각하는 것이 중요합니다. 그렇게 하면 내 자신의 내면에 잠재된 초인적인 지성을 발견하게 될 것입니다. 도전해 보시오.

문제 5-23 하노이 타워 퍼즐 (레벨 2) ★★

A, B, C 3개의 기둥에 3개의 원반이 그림처럼 꽂혀 있습니다. A 기둥에 있는 3개의 원반을 B 기둥을 거쳐서 C 기둥으로 옮기려고 합니다. 한 번에 하나의 원반만 옮길 수 있고 작은 원반 위에 큰 원반이 놓여서는 안 됩니다. 최소 몇 번이면 원반을 다 옮길 수 있을까? 원반 4개, 5개에 대해서도 풀어 보시오.

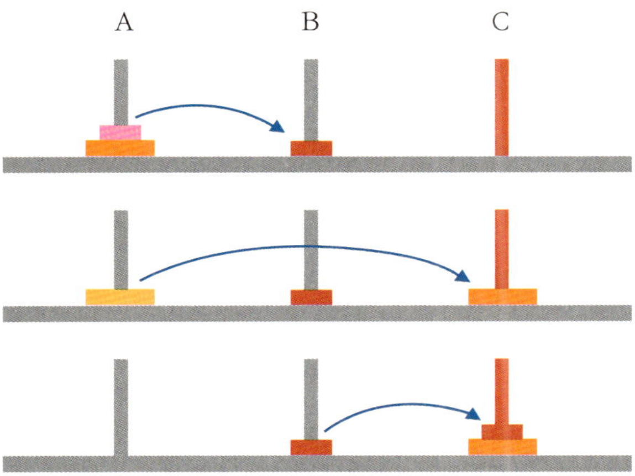

문제 5-23 | 풀이과정

원반 3개는 쉽게 풀었을 것입니다. 그러나 원반 4개와 5개는 아마 쉽지 않았을 것입니다. 그 이유는 하노이 타워에 숨어 있는 개념을 이해하지 못했기 때문입니다. 즉, 중간에 푸는 과정에서 헷갈려서 이미 했던 과정을 반복적으로 행할 수 있기 때문입니다. 하노이 타워 문제에서 쉽게 풀 수 있는 전략은 무엇인가? 생각해 보시오.

컴퓨터를 전공하고 있는 학생이라면, 하노이 타워 문제가 재귀적(recursive) 프로그램으로 작성되어 있는 것을 본 적이 있을 것입니다. 왜 재귀적으로 프로그램이 작성되었을까? 아마 답하기 굉장히 어려울 것입니다.

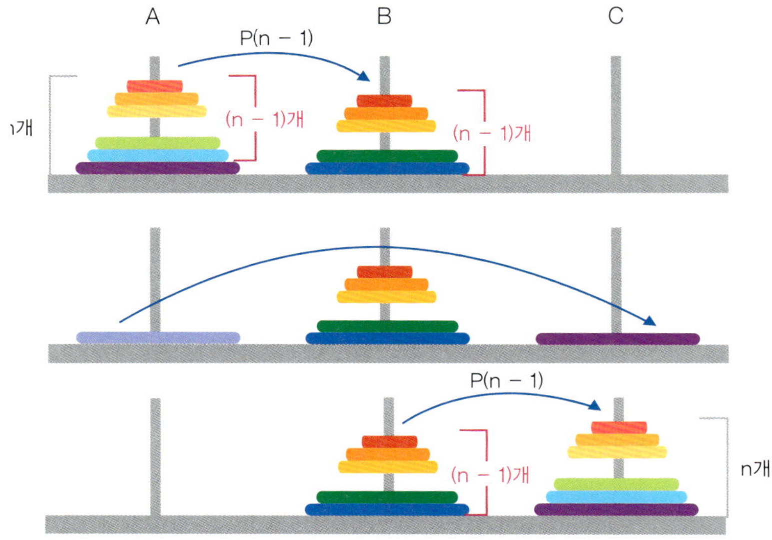

위 그림은 A 기둥의 n개의 원반을 C로 옮기는 과정을 나타낸 것입니다. 이제 어떻게 옮겨야 하는지를 알아봅니다.

① A 기둥의 n개 원반을 C로 옮기기 위해 B 기둥에 n − 1개의 원반을 다 옮겨 놓는다.

② A 기둥의 n번째 원반을 C로 옮긴다.

③ B 기둥의 n-1개의 원반을 C로 옮기기 위해 n − 2개 원반을 C 기둥을 이용하여 A 기둥에 다 옮겨 놓는다.

④ B 기둥의 n − 1번째 원반을 C 기둥으로 옮긴다.

⑤ A 기둥의 n − 2개의 원반을 C로 옮기기 위해 n − 3개 원반을 C 기둥을 이용하여 B 기둥에 다 옮겨 놓는다.

⑥ A 기둥의 n − 2번째 원반을 C 기둥으로 옮긴다.

⑦ 마지막 하나 남은 원반을 C 기둥에 옮길 때까지 ③~⑥의 과정을 반복합니다.

위의 7가지 원반 옮기는 절차를 이해하였다면, 4개, 5개의 원반을 옮기는 문제도 틀리지 않고 쉽게 옮길 수 있을 것입니다.

또한 여러분이 하노이 타워의 재귀적 프로그램을 공부한 적이 있다면, 다시 그 프로그램을 보시오. 이제는 하노이 타워의 재귀적 프로그램이 왜 그렇게 작성되었는지도 이해할 수 있을 것입니다.

문제 5-24 | 다리 건너기 퍼즐 (레벨 3) ★★★

'캄캄한 산 속에서 산악인 4명이 계곡을 가로지르는 위험한 다리 앞에 서 있습니다. 다리는 한 번에 한 사람 또는 두 사람이 지나갈 수 있으며, 위험을 피하는 데 필요한 손전등은 한 개뿐으로 손전등이 있어야만 건널 수 있습니다. 4명이 다리를 건너는 데 필요한 시간은 신체 조건에 따라 1, 2, 5, 10분으로 다르고, 두 사람이 한꺼번에 건널 때는 둘 중 느린 사람의 속도로만 건널 수 있습니다. 네 명이 모두 다리를 건너려면 최소 몇 분이 걸릴까요?' 19분은 답이 아닙니다.

문제 5-24 | 풀이과정

오래 전부터 알려진 이 퍼즐 문제는 마이크로소프트사에서 직원을 뽑을 때 출제되어 유명해졌다. 최근 미국의 과학자들은 '세계의 지도자가 될 미국 대통령의 과학적 식견을 확인하는 문제'라며 이 문제를 냈다. 당신도 미국 대통령이 될 수 있는지 확인해 보시오. 이 문제를 해결하기 위한 단계는 아래와 같습니다.

1단계 : 문제의 이해 및 분석

주어진 문제를 읽고, 문제에서 아는 사실과 해결해야 하는 요구 사항을 적어본다.

아는 사실	요구 사상
① 최대 2사람만 건너갈 수 있음 ② 손전등은 1개 ③ 건너는 사람 4 사람 : A, B, C, D ③ 다리 건너는 시간 : A는 1분, B는 2분, C는 5분, D는 10분 ④ 두 사람이 건널 때는 느린 사람의 속도로 건너간다	4명 모두 건너는데 최소 몇 분?

2단계: 문제 해결 방법 찾기

문제를 해결하기 위한 과정을 적어본다. 답이 여러 개가 나올 경우는 모두 다 적어 보는 것이 좋다.

해결 방법 1 : 19분			해결 방법 2
B, C	A, D ⇨⇨⇨ 10분		
B, C	A ⇦⇦⇦ 1분	D	
B	A, C ⇨⇨⇨ 5분	D	
B	A ⇦⇦⇦ 1분	C, D	
	A, B ⇨⇨⇨ 2분	C, D	

〈해결 방법 1〉은 총 19분으로 정답이 아니다. 또 다른 방법을 찾아본다.

3단계 : 문제 해결

2단계에서 구한 여러 가지 해결 방법 중 가장 값이 작은 방법을 선택합니다.

문제 5-25 선교사와 식인종 퍼즐 (레벨 3) ★

세 사람의 선교사와 세 사람의 식인종이 강을 건너려고 합니다. 강에는 2사람까지 탈 수 있는 배가 있으며, 적어도 한명이 배를 몰아야 합니다. 강의 어느 쪽에서도 선교사보다 식인종의 숫자가 많으면 선교사는 잡아먹힙니다. 여섯 사람이 무사히 강을 건너려면 배는 몇 번, 어떻게 강을 건너야 할까? 이 문제를 빨리 풀기 위한 핵심 전략이 무엇인지 먼저 생각해 보시오.

문제 5-25 | 풀이과정

'선교사와 식인종' 퍼즐도 '다리 건너기' 퍼즐과 같은 방법으로 풀어 본다.

1단계 : 문제의 이해 및 분석

주어진 문제를 읽고, 문제에서 아는 사실과 해결해야 하는 요구 사항을 적어본다.

아는 사실	요구 사상
① 언제나 선교사는 식인종 인원보다 같거나 많아야 함 ② 배는 최대 2명까지만 탈 수 있음 ③ 적어도 한 명이 배를 몰아야 함	강을 건너 다닌 횟수와 건너는 방법 및 순서

2단계 : 문제 해결 방법 찾기

아는 사실에서 문제 해결을 위한 단서를 찾아 해결 방법을 기술합니다.

첫 번째로 시도할 수 있는 방법은 두 가지 경우로, 둘 중의 한 가지 방법으로 시작해야 합니다.

① 식인종 2명이 간다.

② 선교사 1명과 식인종 1명이 같이 간다.

3단계 : 문제 해결

2단계에서의 해결 방법에 대한 추리를 통해 위 문제를 해결합니다.

이 문제를 쉽게 풀 수 있는 핵심 전략은 무엇일까?

아는 사실 ①을 만족해야 하기 때문에 선교사 3명이 강을 건너가 있어야 하는 상태가 반드시 존재해야 한다는 사실입니다. 선교사 3명이 강을 건너가 있는 상태를 이용하여 문제를 푼다면 보다 쉽고 빨리 풀 수 있을 것입니다.

문제 5-26 고양이와 쥐 (레벨 1)

고양이는 9m인 소파의 이쪽 끝에 있고, 쥐는 쥐구멍에서 4m 떨어진 소파의 저쪽 끝에 있습니다. 고양이가 쥐를 발견하고 초속 4m 속도로 뛰어가자 1초 후에 이를 알아차린 쥐는 초속 2m의 속도로 쥐구멍으로 달아났습니다. 쥐가 쥐구멍으로 들어갔을 때 고양이는 쥐구멍에서 몇 미터 떨어져있을까요?

문제 5-27 드라이브 (레벨 1)

영이와 철수는 강릉까지 드라이브를 가기로 했습니다. 가는 길의 처음 40km는 영이가 나머지는 철수가, 오는 길의 처음은 영이가 마지막 50km는 철수가 운전하기로 했습니다. 영이와 철수가 운전한 거리는 몇 km 차이가 날까요?

문제 5-28 농부의 강 건너기 (레벨 2)

농부는 늑대와 염소와 배추를 가지고 강을 건너야 하는데, 강에 있는 작은 배에는 농부와 다른 한 가지만 가지고 탈 수 있습니다. 농부는 걱정입니다. 배추를 가지고 가면 늑대가 염소를 잡아먹고, 늑대를 데리고 가면 염소가 배추를 먹고. 그렇지만 농부는 무사히 강을 건넜습니다. 강을 몇 번 건너 다녔을까요?

문제 5-29 금화 나누기1 (레벨 2) ★

옛날 사막을 여행하던 두 사람이 오아시스(Oasis)를 만났습니다. 두 사람은 식사를 하려고 준비한 빵을 꺼냈습니다. 한 사람은 2개, 또 한사람은 3개입니다. 그 때 몹시 배가 고픈 나그네가 나타나서 그 빵을 셋이서 똑 같이 나누어 먹었습니다. 빵을 다 먹고 나자, 그 나그네는 고맙다고 말하며 금화 5개를 내놓고 자기가 먹은 빵에 비례하여 금화를 나누어 가지라고 말하고는 떠나갔습니다.

2개의 빵을 내 놓은 사람 : "우리 가져 온 빵의 개수만큼 금화를 가집시다.
나는 2개, 당신은 3개. 좋지요?"
3개의 빵을 내 놓은 사람 : "무언가 이상해요. 그게 아닌 것 같은데?"

이렇게 말다툼하고 있을 때, 그 곳을 지나던 현명한 사람이 둘의 얘기를 듣고는 바닥에 아래와 같은 그림을 그려 두 사람을 모두 이해시킨 후 금화를 나누어 주었습니다. 금화를 어떻게 나누어 주었을까요?

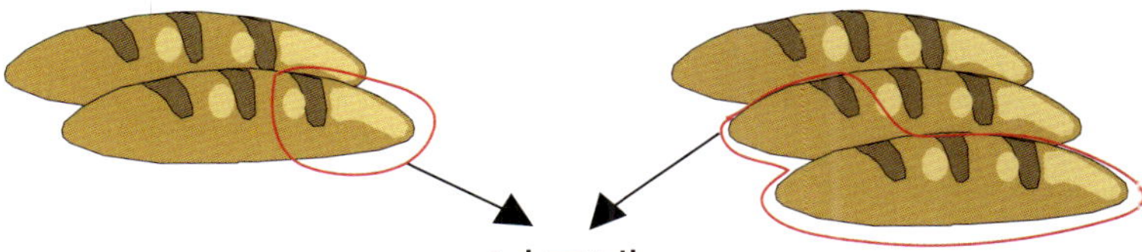

문제 5-30 금화 나누기2 (레벨 2)

여행객 두 사람이 차를 끓이고 식사를 하려고 합니다. 한 사람은 빵을 5개 가져오고 다른 사람은 3개를 가져왔습니다. 그 때 나그네 한 사람이 왔습니다. 그는 빵이 없었기 때문에 8개의 빵을 셋이서 똑 같이 나누어 먹었습니다. 나그네는 감사하다고 말하면서 8개의 금화를 주고 갔습니다. 공정하게 나누려면 5개의 빵을 가져온 사람은 몇 개의 금화를 가져야 할까요?

문제 5-31 메뚜기 달리기 (레벨 2)

메뚜기 두 마리가 10미터 왕복달리기를 합니다. 큰 메뚜기는 한 번에 30센티미터를 뛰고, 작은 메뚜기는 한 번에 15 센티미터를 뛰는데 큰 메뚜기가 한 번 뛰는 동안 2번 뜁니다. 결승점을 지나서 뛰어 내리면 그곳에서 즉시 뒤돌아 뜁니다. 누가 이길까요? 큰 메뚜기가 이기면 1, 작은 메뚜기가 이기면 2, 비기면 0을 적으세요.

문제 5-32 며칠 후일까요? (레벨 2)

하루에 꼭 30분씩 늦은 우리 집 시계는 오늘 낮 12시 5분에 정확했습니다. 다음 정확할 때는 며칠 후 12시 5분일까요?

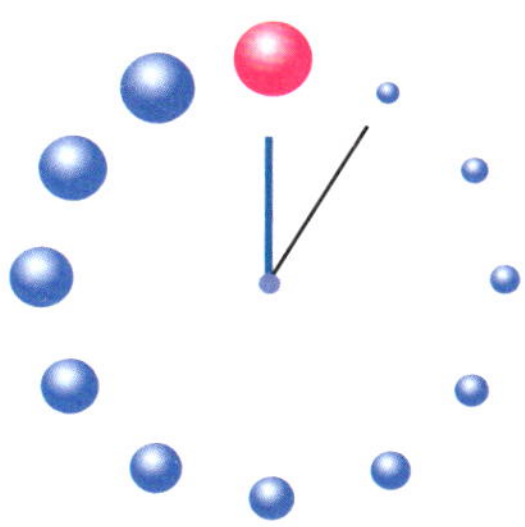

문제 5-33 사과 사기 (레벨 2)

청송상회에서는 낱개로 포장된 사과를 한 개에 300원씩 팔고 있습니다. 그런데 포장지 3개를 모아오면 사과 한 개를 줍니다. 4500원으로 몇 개의 사과를 살 수 있을까요?

문제 5-34 우리 동네 버스회사 (레벨 2)

우리 동네 버스회사에서는 버스를 12대 더 샀는데 차고가 부족해서 모두 바깥에 세워 둡니다. 차고를 40% 늘리면 앞으로 12대를 더 사도 모두 차고에 둘 수 있다고 합니다. 우리 동네 버스회사에는 현재 버스가 몇 대 있을까요?

문제 5-35 유일한 식 (레벨 1)

x와 y는 서로 다른 수입니다. x를 y제곱한 값과 y를 x제곱한 값이 같은 경우는 한 가지 뿐입니다. x와 y는 얼마일까요?

$$x\hat{}y = y\hat{}x$$

문제 5-36 경마의 결과 (레벨 2)

8필의 말이 경마를 하고 있습니다. 경기의 결과는 혼자서도 우승할 수 있지만 2마리, 3마리 또는 8마리가 모두 비길 수도 있습니다. 모두 몇 가지 경우가 있을까요?

문제 5-37 파티장의 숙녀는? (레벨 2)

많은 사람들이 파티장에 모였습니다. 모두가 한 번씩 서로서로 반갑게 악수했습니다. 남자인 A씨는 여자들에 비하여 3배 많은 남자들과 악수했습니다. 여자인 B씨도 여자들에 비하여 4배 많은 남자들과 악수했습니다. 파티장에 온 남자와 여자는 각각 몇 명입니까?

문제 5-38 정사각형의 수 (레벨 2)

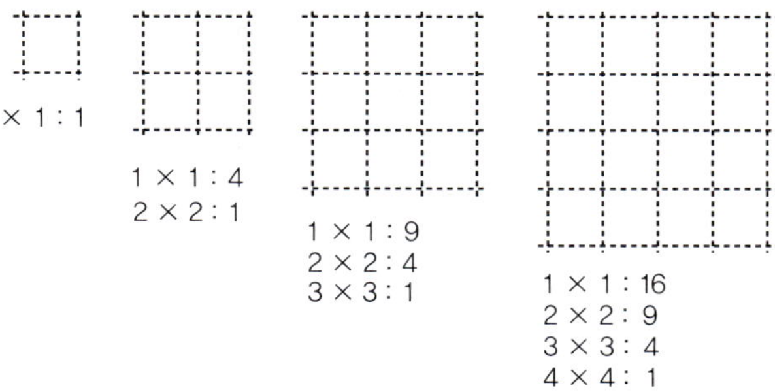

4 × 4각형 즉, 가로와 세로의 길이가 4인 정사각형에서는 30개의 정사각형을 찾을 수 있습니다. 그렇다면 5 × 5각형에서는 몇 개의 정사각형을 찾을 수 있을까요?

문제 5-38 | 풀이과정

이 문제를 빨리 풀기 위해서는 일일이 정사각형의 개수를 세지 말고 규칙을 찾아보십시오.

문제 5-39 원숭이와 강 건너기 (레벨 3)

어미 원숭이와 새끼 원숭이 2마리 그리고 3사람이 강을 건너야 합니다.

- 사람과 어미 원숭이는 보트를 저을 수 있습니다.
- 어떠한 경우에도 사람의 숫자가 원숭이보다 작지 않아야 합니다.
- 하나 있는 보트에는 원숭이를 포함해서 둘만 탈 수 있습니다.
- 원숭이들은 강변에 닿으면 스스로 내릴 수 있습니다.

모두가 강을 건너려면 보트가 최소 몇 번 강을 건너야 할까요?

문제 5-40 고리 연결 (레벨 3) ★

612년(영양왕 23년) 고구려 평양성으로부터 급보가 날아들었습니다. 수나라 양제가 113만 명의 대군을 이끌고 쳐들어온다는 것입니다. 비상사태입니다. 모두가 전쟁 준비로 바쁩니다. 대장장이 쇠뚝이(사람 이름)에게는 아래 그림과 같이 토막난 5개의 쇠사슬을 하나로 연결하는 일이 주어졌습니다. 중요한 군사 작전에 사용되기 때문에 빨리 만들어야 합니다. 둥근 쇠고리 하나하나는 만들 때부터 가운데를 끊어 조금의 틈을 남겨 둡니다. 이렇게 하면 쇠사슬을 연결하거나 분리할 때 이곳을 펴서 고리를 빼거나 끼울 수 있기 때문입니다.
고구려에서 머리가 제일 좋다는 쇠뚝이는 몇 개의 고리를 폈다가 오므렸을까요? 아무리 생각해도 4번은 해야 될 것 같은데, 4번은 아닙니다.

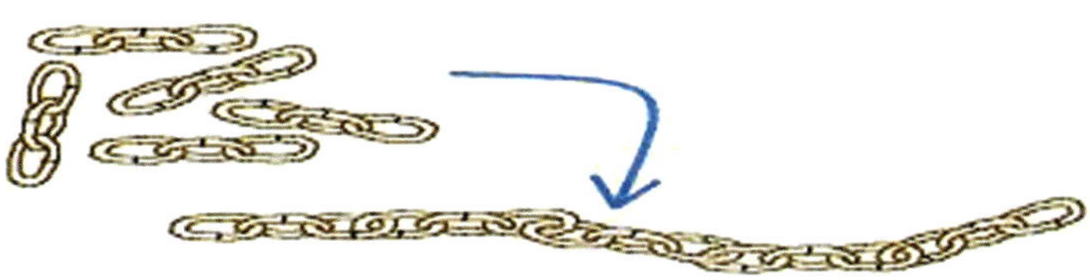

문제 5-41 고리 문제 (레벨 3)

21개의 금 고리로 된 사슬이 있습니다. 최소로 끊어서 21개까지의 원하는 개수의 고리를 가지려고 합니다. 어떻게 자르면 1개부터 21개까지의 모든 금고리를 다 가질 수 있을까요?

문제 5-42 랭포드 문제(Langford' s Problem) (레벨 3)

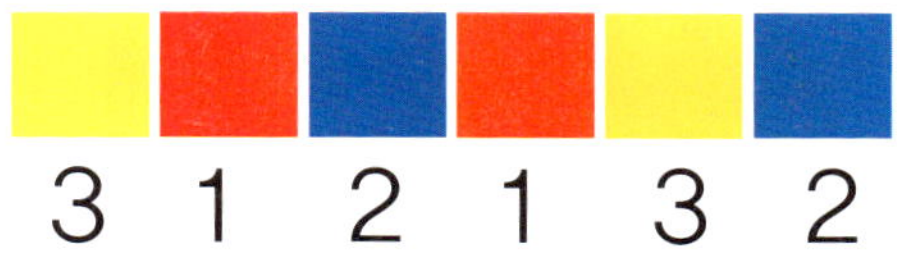

빨강 사이에 다른 색 하나, 파랑 사이에 다른 색 둘, 노랑 사이에 다른 색 셋.
같은 색깔의 나무토막 2개씩을 이렇게 늘어놓았습니다.
알기 쉽도록 색깔을 숫자로 바꾸면 312132가 됩니다.
8개의 나무토막을 늘어 놓아보세요. 답은 4로 시작되는 숫자로 적어 주세요.

문제 5-43 주머니의 진주 (레벨 3)

아라비아의 어느 상인이 딸들을 모아 놓고 유언을 했습니다.
'빨간 주머니에 진주가 있다. 첫째는 진주 한 개와 나머지의 7분의 1, 둘째는 진주 2개와 나머지의 7분의 1, 셋째는 진주 3개와 나머지의 7분의 1, 계속 이러한 방법으로 나누어 갖도록 하라.'
막내딸은 현인(賢人 : 어질고 총명한 사람)을 찾아가서 울면서 말했습니다.
'나에게는 진주 한 알 돌아오지 않을 거예요.'
'너의 아버지는 매우 총명한 사람이다. 언니들이 듣기에는 좋은 말이지만 결과는 똑 같이 나누어 갖게 된다.'
현인은 대답했습니다. 진주는 과연 몇 개였을까요?

문제 5-44 최대의 길 (레벨 2)

왼쪽 맨 아래 3에서 출발하여, 위로 또는 오른쪽으로만 이동하여 오른쪽 맨 위 1로 가는데, 지나는 길에 있는 숫자의 합을 최대로 하기 위하여 지나는 길의 숫자를 적어 보세요.

5	2	5	4	1
7	6	1	7	3
5	9	4	1	5
2	3	8	3	2
3	1	4	9	6

문제 5-45 30개의 열린 문 (레벨 3)

30 사람이 30 개의 문 앞을 지나갑니다.

첫째 사람은 30개의 모든 열린 문은 닫았습니다.
둘째 사람은 두 칸 마다(2번째, 4번째, ...) 열린 문은 닫고 닫힌 문은 열었습니다.
셋째 사람은 세 칸 마다(3번째, 6번째, ...) 열린 문은 닫고 닫힌 문은 열었습니다.

이렇게 모두가 지나갔습니다. 30사람이 지난 간 후 열려 있는 문은 몇 개입니까?

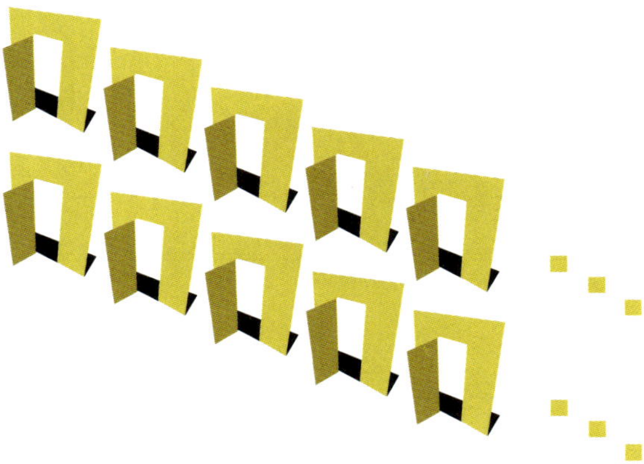

문제 5-46 사랑의 선물 (레벨 2)

파티에 모인 우리들은 서로서로 사랑의 선물(valentine)을 주고받았습니다. 주고받은 회수는 모두 306번입니다. 우리들은 몇 명일까요?

문제 5-47 휴가 기간 (레벨 3)

휴가 기간에 13일 동안 비가 왔습니다. 비가와도 다행인 것은 오전에 비가 오면 오후엔 개고, 오후에 비가 오면 이튿날 아침은 맑은 것입니다. 11번의 맑은 오전, 12번의 맑은 오후를 우리는 마음껏 즐겼습니다. 우리의 휴가는 며칠이었을까요?

문제 5-47 | 풀이과정

맑은 날이 오전에 11번 오후에 12번이라는 말의 의미를 파악하는 것이 문제를 푸는 키이다. 이 말은 오전에 비가 한 번 더 많이 왔음을 의미한다.

문제 5-48 대피 시간 (레벨 3)

감시원은 지진계가 몹시 흔들리는 것을 발견하고 즉시 비상 연락을 시작했습니다. 비상 연락 방법은 감시원이 두 사람에게만 전화하면 전화 받은 사람들은 각각 다른 두 사람에게만 연락하고 신속히 대피하는 것입니다. 연락이 안 되는 경우는 없습니다. 만약 한 사람에게 전화하는데 30초, 대피하는데 90초가 걸린다면 500명의 주민 모두가 대피하는 데는 몇 분이 걸릴까요?

문제 5-49 폭탄 전략 퍼즐 (레벨 3) ★★

'폭탄 가져가기' 게임은 안전한 폭탄과 잡는 순간 '빵' 소리나는 폭탄을 가지고 하는 게임입니다. 두 사람이 번갈아 폭탄을 가져가는데, 한꺼번에 1개에서 3개까지 가지고 갈 수 있으며, 맨 마지막에 있는 '빵' 소리나는 폭탄을 가지고 가는 사람이 집니다.

30개의 폭탄 무더기에서 항상 이길 수 있는 전략을 설명해 보시오. 그리고 먼저 하는 사람이 반드시 이기기 위해서는 맨 처음에 몇 개의 폭탄을 가지고 가야 하는가?

문제 5-49 | 풀이과정

30개의 폭탄 중에서 29번째의 폭탄을 가지고 가는 사람이 이긴다. 이기기 위한 전략은 다음과 같습니다.

① 한꺼번에 최대 3개까지 폭탄을 가지고 갈 수 있으므로 29번째 폭탄을 반드시 가지고 가기 위해서는 25번째 폭탄을 가지고 가면 항상 이길 수 있게 됩니다.

② 25번째 폭탄을 반드시 가지고 가기 위해서는 21번째 폭탄을 가지고 가면 항상 이길 수 있게 됩니다.

③ 21번째 폭탄을 반드시 가지고 가기 위해서는 17번째 폭탄을 가지고 가면 항상 이길 수 있게 됩니다.

⋮

⑦ 5번째 폭탄을 반드시 가지고 가기 위해서는 1번째 폭탄을 가지고 가면 항상 이길 수 있게 됩니다.

따라서 항상 이기기 위한 수식은 $29 \div 4 = 7$ 나머지 1 즉, 첫 번째 폭탄을 가지고 간 후, 5번째, 9번째, 13번째, 17번째, 21번째, 25번째, 29번째 폭탄을 차례로 가지고 가면 무조건 이길 수 있게 됩니다.

문제 5-50 50개의 폭탄 (레벨 2)

50개의 폭탄에서 한꺼번에 최대 5개의 폭탄을 가지고 갈 수 있다면, 맨 처음 가지고 가야 하는 폭탄은 몇 개인가요?

5.3 조작 퍼즐

조작 퍼즐은 지금까지의 퍼즐 문제와는 달리 상용 도구 퍼즐을 직접 조작하여 푸는 퍼즐로 캐스트 퍼즐, 탱글먼트 퍼즐 등이 있습니다. 이러한 조작 퍼즐은 퍼즐을 푸는 과정에서 관찰 및 분석 능력을 키울 수 있으며, 문제 해결의 키(key)를 발견하는 과정에서 퍼즐에 대한 흥미도 더욱 높일 수 있게 됩니다.

탱글먼트(Tanglement) 퍼즐

탱글먼트 퍼즐은 철사나 실로 연결되어 있는 구슬이나 나무 막대 등을 분리해 내는 퍼즐입니다. 노끈과 구슬, 나무 막대 등으로 만들어진 모양, 또는 철사로 링 모양을 만들어 서로 연결되어 있는 모양뿐만 아니라, 노끈이 꼬여 있는 형태 등 그 종류가 다양하다.

Simple trapeze

Horseshoes

Japanese horseshes

캐스트(Cast) 퍼즐

캐스트 퍼즐은 일본의 Hanayama에서 금속을 재료로 만든 퍼즐입니다. 주조 방식에 있어서 Die-Casting 방식을 사용하였다고 하여 캐스트 퍼즐이라고 명명하였다. 대부분의 퍼즐이 플라스틱이나 나무로 만든 것이 많은데, 이처럼 금속을 이용하여 입체적으로 만든 퍼즐이 탄생하였다는 데 그 의의가 있습니다. 난이도(level)는 1에서 6까지 있으며, 풀기가 결코 쉽지 않은 퍼즐로 풀고 조립하는 과정에서 양손을 움직여 좌뇌와 우뇌를 자극하기 때문에 컴퓨터 게임에 몰두한 학생들에게 색다른 즐거움을 줄 수 있습니다. 현재 34종이 나와 있으며, 이들 중 17개의 캐스트 퍼즐을 소개합니다. ()안의 숫자는 퍼즐의 난이도를 나타난다.

 ① Horse(1)	 ② Key(1)	 ③ O'gear(1)	 ④ Star(2)
 ⑤ Violon(2)	 ⑥ Devil(2)	 ⑦ Ring1(3) Ring2(3)	 ⑧ S&S(3)
 ⑨ Baroq(3)	 ⑩ L'oeuf(4)	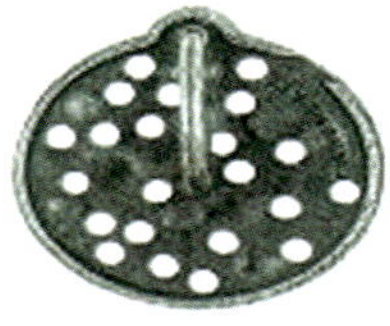 ⑪ Plate(4)	 ⑫ Radix(5)
 ⑬ Laby(5)	 ⑭ Enigma(6)	 ⑮ Chain(6)	 ⑯ News(6)

이러한 캐스트 퍼즐을 단순히 분리하고 조립하는 재미에만 집중한다면 퍼즐 교육으로서의 효과는 거의 없습니다. 이들 퍼즐을 분리하고 조립하는 절차를 반드시 알고리즘 형식의 글로 표현해 볼 것을 권장합니다. 우연히 풀었거나 정확한 의미를 파악하지 못하고 풀었다면, 알고리즘으로의 기술은 결코 쉽지 않을 것입니다. 하지만 알고리즘을 기술하는 연습을 통해 논리적으로 글을 기술할 수 있는 능력이 향상될 수 있을 것입니다. 다른 사람이 기술한 알고리즘을 보고 바로 분리하고 조립할 수 있다면, 가장 훌륭하게 알고리즘을 기술하였다고 할 수 있습니다.

06 추론 퍼즐

논리적 사고(logical thinking)란 정보적 사고를 구성하는 알고리즘적 사고와 함께 자신의 생각이나 주장을 모순 없이 체계화하여 질서 있는 구조를 갖추도록 도와주는 사고로서 관찰, 분석, 비교, 추론의 절차를 통해 향상시킬 수 있습니다.

추론(reasoning)이란 '논리적 사고' 과정의 가장 마지막 단계로써 이미 알고 있는 사실이나 문제로부터 결론이나 해답을 도출하는 과정을 의미합니다. 많은 정보가 존재하는 정보사회에서는 정보를 분석하고 추려내는 과정을 통해 자신이 원하는 정보를 찾아내고 문제의 해답을 얻을 수 있습니다. 그러므로 이러한 과정을 보다 빠르고 정확하게 수행하기 위해서는 문제 상황을 논리적으로 분석하고 비교하여 추론할 수 있는 사고력이 기반이 되어야 합니다.

추론 퍼즐(reasoning puzzle)이란 논리적 사고력과 추론 능력을 바탕으로 주어진 문제 상황을 분석하여 가능한 모든 답을 모색한 후, 단계적 분석을 통해 모든 조건에 부합하는 문제 해결 방법을 추론하는 퍼즐입니다. 즉, 문제를 해결하기 위하여 문제 해결 전략 및 방법에 대한 규칙 혹은 절차가 논리적으로 일관성을 갖고 체계적인지를 검증하는 단계를 거치면서 자신의 문제 해결 방법을 추론하게 됩니다.

6.1 격자 퍼즐

격자 퍼즐(grid puzzle)이란 가로 세로로 바둑판 모양을 이룬 낱낱의 네모꼴 형태의 격자를 이용한 퍼즐입니다. 격자 퍼즐의 대표적인 것으로 스도쿠(sudoku, 數獨-수독)와 노노그램(nonogram) 등이 있습니다. 이러한 격자 퍼즐은 모양과 규칙이 간단하면서도 논리를 즐길 수 있는 퍼즐로 많은 사람들이 격자 퍼즐을 재미있어 하고 열광합니다. 이러한 격자 퍼즐 문제를 이해하고 해결할 수 있는 일반적이고 효율적인 방법(알고리듬)을 스스로 구할 수 있는 사고를 통해 격자 퍼즐 문제들은 여러분의 창의적 문제 해결(CPS : Creative Problem Solving) 능력을 향상시켜 줄 것입니다.

(1) 스도쿠 퍼즐

스도쿠 퍼즐은 1979년에 미국의 간스(Howard Garns)가 창안하여 이름을 Number place(숫자 넣기)라 붙이고 델(Dell) 잡지에 발표하였고, 1986년에 일본의 니코리(Nikoli)라는 회사가 이름을 '스도쿠'로 바꾸고 이 퍼즐을 알리는 책을 만들어 2005년부터는 전 세계인이 즐기는 퍼즐이 되었다. 일본말인 '스도쿠'는 숫자(number)를 뜻하는 스(數, 수)와 단 하나(single)를 의미하는 도쿠(獨, 독)를 합해서 만든 말로 '겹치지 않는 숫자 퍼즐'이란 의미입니다.

스도쿠 퍼즐의 규칙

스도쿠는 4칸 스도쿠, 6칸 스도쿠, 9칸 스도쿠 등이 있으며, 일반적으로 9칸 스도쿠를 가장 많이 애용합니다. 스도쿠는 규칙에 따라 빈칸에 숫자를 써 넣는 퍼즐로 9칸 스도쿠에 대한 규칙은 다음과 같습니다.

[규칙1] 9칸의 가로줄에는 1~9까지의 숫자가 겹치지 않고 한 번씩 사용되어야 합니다.
[규칙2] 9칸의 세로줄에는 1~9까지의 숫자가 겹치지 않고 한 번씩 사용되어야 합니다.
[규칙3] 3×3칸으로 된 작은 상자(총9개)에는 1~9까지의 숫자가 겹치지 않고 한 번씩 사용되어야 합니다.

문제 6-1 스도쿠 퍼즐

(1) 6칸 스도쿠 (레벨 1)

2	1			4	3
		6	2		
		3	4		
3	4			5	6

(2) 6칸 스도쿠 (레벨 1)

		2	4		
4					2
	2			3	
	4			6	
1					6
		3	5		

(3) 9칸 스도쿠 (레벨 2)

9	1	3	8	4		2		5
	6		5				3	
				9	3		8	4
3								
6		1		5		3		7
								8
7	3		9	6				
	2				5		6	
8		6		2	7	5	1	9

(4) 9칸 스도쿠 (레벨 2)

2					7	1		3
				1	2			
6		4	8	9		2		
7	6			5		4		
	3	5	6		1	7	2	
		2		7			6	9
		7		3	6	8		5
			7	2				
3		1	9					2

문제 6-1 | 풀이과정

스도쿠를 빨리 풀기 위해서는 어떠한 전략을 사용해야 할까? 스도쿠의 칸을 표현하기 위해 (x, y)로 표기합니다. (x, y)는 가로 줄 x번째, 세로 줄 y번째에 있는 칸을 의미합니다. 아래 왼쪽 스도쿠 (3,2)칸의 값은 2입니다. 그리고 (1,1)칸부터 (3,3)칸까지의 9칸 정사각형 구역을 1번 상자, (1,4)칸부터 (3,6)칸까지의 9칸 정사각형 구역을 2번 상자라 하며, 9칸 스도쿠는 9번 상자까지 있습니다.

핵심 전략 1 : 홀로 있는 숫자를 찾아라

① 아래 왼쪽 스도쿠에서 가장 숫자가 많이 있는 5번 상자의 빈 칸에 가능한 모든 숫자를 작은 글씨로 적는다.

② 5번 상자에서 빈칸의 작은 글씨로 쓴 숫자가 1개만 있는 것이 있는지를 찾는다. 숫자 8과 3 사이에 숫자 1개만 있으므로 이 칸에 적힌 숫자 1을 확정하여 적는다.

③ 5번 상자의 빈칸에 적힌 작은 글씨에서 숫자 1을 제거합니다. 그리고 숫자 1의 가로 줄과 세로 줄의 빈칸에 가능한 모든 숫자를 작은 글씨로 적는다. (다 적은 결과는 아래 오른쪽 스도쿠다)

④ 이러한 방식으로 다음에 가장 많은 숫자가 있는 상자나 가로 세로 줄을 찾아 숫자를 채워 나간다.

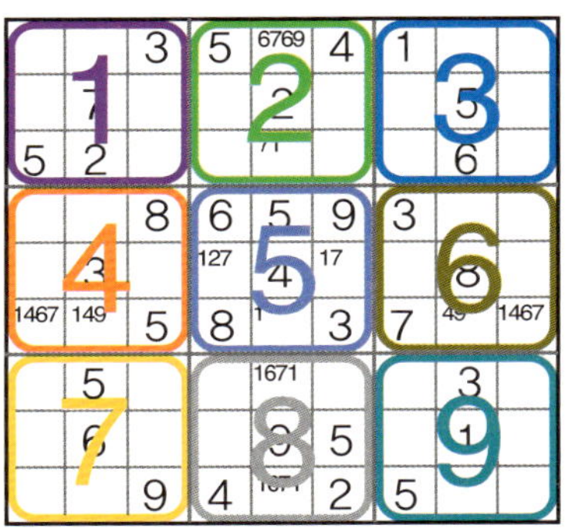

		3	5	671	4	1		
	7						5	
5	2			71			6	
		8	6	5	9	3		
	3		27	4	7		8	
467	49	5	8	1	3	7	49	467
	5			671			3	
	6			9	5		1	
		9	4	671	2	5		

핵심 전략 2 : 두 개의 같은 숫자를 찾아라

① 아래의 왼쪽 스도쿠에서 가장 숫자가 많이 있는 1번 상자의 빈칸에 가능한 모든 숫자를 작은 글씨로 적기 위하여 첫 번째 가로 줄과 두 번째 세로 줄에 9가 있으므로 (3,1)칸과 (2,3)칸에만 작은 글씨로 숫자9를 적는다.

② 하지만 유심히 살펴보면, (8,4)칸의 9 때문에 7번 상자에서의 (8,1)칸에는 9가 위치하지 못하고 (7,3)칸과 (9,3)칸에만 9가 위치할 수 있어, 이들 두 칸에 작은 글씨로 숫자 9를 적는다.

③ 7번 상자의 (7,3)칸과 (9,3)칸 중 한 칸에는 반드시 9가 존재해야 하므로 1번 상자의 (2,3)칸에는 9가 위치할 수 없습니다. 따라서 1번 상자 (3,1)칸의 값이 9가 됩니다.

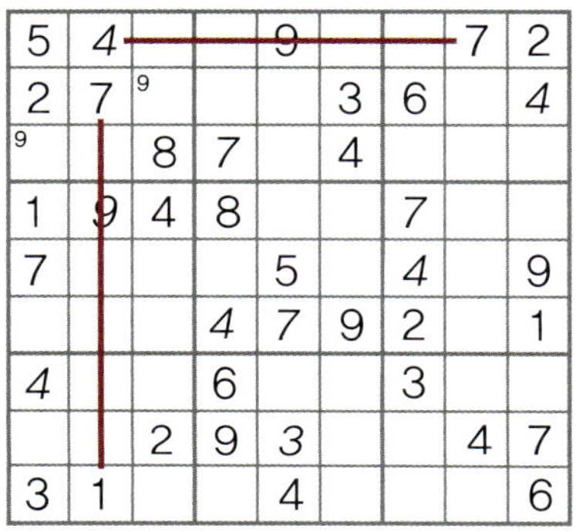

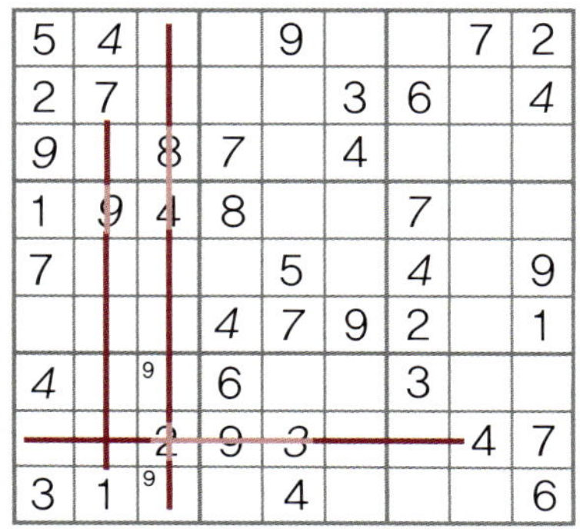

핵심 전략 3 : 세 개의 같은 숫자를 찾아라

① 7번 상자의 8번째 가로줄에는 연속된 숫자 2-8-1이 있습니다. 이러한 연속된 3개의 숫자를 이용하면, 다른 상자의 빈칸의 숫자를 해결할 수 있습니다. 즉, 8번 상자의 숫자 7의 위치를 해결할 수 있습니다.

② 5번째와 6번째 세로줄에 7이 있고, 7번째 가로줄에 7이 있으므로 8번 상자에서는 4번째 세로줄에 있는 (8,4)칸과 (9,4)칸에만 7이 위치할 수 있습니다. 그런데 7번째 가로줄의 숫자 7은 이 두 칸 사이에서 7의 위치를 선택하는 데 결정적인 단서를 제공합니다.

③ 7번 상자에서 7번째 가로줄에는 더 이상 숫자 7이 들어갈 수 없으므로, 숫자 7은 9번째 가로줄에만 위치할 수 있습니다.

④ 9번째 가로줄에서 숫자 7은 반드시 7번 상자의 3칸 중 한칸에 반드시 위치해야 하므로 8번상자와 9번 상자의 9번째 가로줄에는 7이 위치할 수 없습니다. 따라서 8번 상자의 (8,4)칸에 숫자 7이 위치합니다.

※ 동일한 요령으로 3번 상자의 2번째 가로줄의 숫자 3-8-6으로 어떤 숫자를 찾아낼 수 있는지 한번 시도해 보시오.

		4	6					
						3	8	6
3				9	7			2
	1			8	9		7	
9								
	5		3	7			2	1
6			8	4				7
2	8	1	7					
7	7	7	7		5	2		

핵심 전략 4 : 필요 없는 숫자들은 과감히 삭제하라

① 퍼즐을 푸는 단서가 고갈되면 가능한 숫자들을 모두 찾아보았는지를 확인하기 위하여 각 칸에 가능한 모든 숫자들을 표시합니다.

② 이제 각각의 가로줄과 세로줄, 그리고 상자 안에서 작은 글씨의 숫자가 2개이면서 그 값이 똑같은 칸을 찾는다.

⑱	2	5	7	65	⑱	1689	3	4

③ 위의 그림에서 1번째 칸과 6번째 칸의 숫자가 1과 8로 똑같습니다. 이러한 짝은 숫자 1과 8이 두 칸 중에 한 군데에 속한다는 뜻입니다. 이는 가로줄의 다른 칸에 숫자 1과 8이 위치해서는 안 된다는 것을 의미합니다. 따라서 1번째 칸과 6번째 칸을 제외한 다른 칸에 숫자 1과 8이 있다면, 그 칸에서는 숫자 1과 8을 모두 제거합니다. 그 결과, 5번째 세로줄에 해당하는 칸의 숫자는 6으로 바로 해결되었다.

18	2	5	7	6	18	69	3	4

※ 이 규칙은 가로줄, 세로줄, 그리고 상자 모두에 적용됩니다.

문제 6-2 9단 퍼즐

(1) (레벨 3)

6	1				4	8		5
			8		5	6		7
5	9							
8	6			1			7	
			5		6			
	4			3			2	6
							8	2
1		6	4		7			
7		9					6	1

(2) (레벨 3)

8	7	6	1	4	3		2	
				9				
			6				8	3
1	9	8						
6		2				3		1
						8	4	2
5	8				1			
				3				
	6		2	7	8	1	5	9

문제 6-3 가쿠로 퍼즐 (레벨 4)

가쿠로는 더하기란 뜻의 '가(加)' 와 영어 '크로스(cross)' 의 일본식 발음 '쿠로' 가 합쳐져 만들어진 이름으로, 매우 단순하지만 중독성이 강한 논리 숫자 퍼즐입니다.

[규칙1] 각 가로줄과 세로줄에는 1~9까지의 숫자 중 몇 개의 숫자가 겹치지 않고 한번씩 사용되어야 합니다.

[규칙2] 대각선의 위쪽에 적힌 숫자는 그 오른쪽으로 위치한 빈칸에 들어갈 모든 숫자들의 합이며, 대각선의 아래쪽에 적힌 숫자는 그 아래쪽으로 위치한 빈칸에 들어갈 모든 숫자들의 합입니다.

5단 가쿠로

문제 6-4 플라워 스도쿠 (레벨 3)

플라워 스도쿠는 9칸 스도쿠의 변형으로, 종이배의 안쪽에는 물론, 붉은 선을 그은 곳에도 모두 다른 숫자가 있도록 해야 합니다. 즉, 종이배도 9칸, 왼쪽과 오른쪽 대각선도 9칸입니다. 아래 문제는 세계 스도쿠 대회 개인전에 출제된 문제입니다.

문제 6-5 킬러 결합형 (레벨 4)

			2	5						9	7			
					6		8		4					
						9		4						
4														7
3	5	6										8	1	9
	9												5	
		8										4		
	3												1	
8	1	7										5	3	6
9														1
						5		1						
					5		9		3					
			6	8						2	5			

(2) 노노그램 퍼즐

노노그램 퍼즐은 숨겨진 그림이 나타날 수 있도록 격자의 바깥쪽에 주어진 숫자에 따라 칸에 칠을 하거나 비워둠으로써 숨은 그림을 알아내는 그림 논리 퍼즐입니다. 1987년, 격자에 건물의 불빛을 설계하던 일본의 논 이시다(Non Ishida)라는 사람이 자기가 설계하던 것을 퍼즐로 만들었다. 이 퍼즐을 고안한 논 이시다(Non Ishida)의 Non과 그림표를 의미하는 다이어그램(Diagram)의 gram을 합한 Nongram을 부르게 쉽게 조금 바꾸어 노노그램(nonogram)으로 하였다.

노노그램은 우리의 논리적 사고력을 높이는 데 좋은 생각꺼리입니다.

그 외에도 전광판에 글자나 그림을 표시할 때, 지도를 간단히 표시할 때 등에 사용될 수 있습니다. 또는 암호로 사용할 수도 있지 않을까요?

'한 사람은 가로 숫자, 다른 한 사람은 세로 숫자를 가지고 있다가 서로 합하여 보물섬의 지도를 완성한다.' 얘기가 되지요?

[규칙] 각 가로줄과 세로줄 위에 있는 숫자들은 연속적으로 색칠한 칸의 수로, 여러 개의 숫자가 있는 경우는 숫자만큼 색칠한 칸 사이에 빈칸이 있음을 의미합니다.

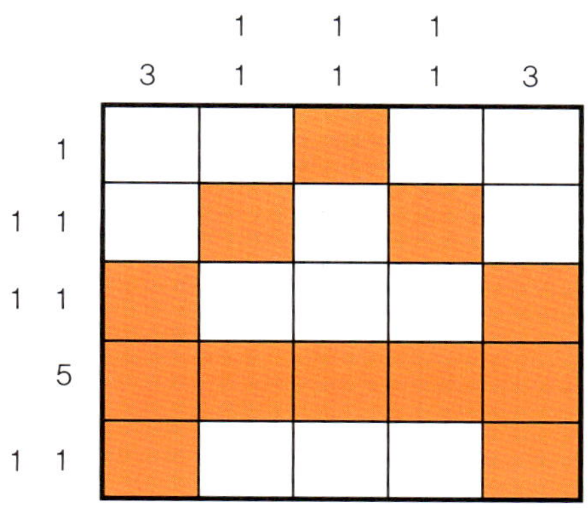

노노그램은 쉽게 풀리는 문제도 있지만, 어려운 경우에는 상당한 시간과 정신력을 요구합니다. 그러나 생각하고 또 생각하면서 조금씩 숨겨져 있는 그림을 찾아내는 것은 신나는 일입니다. 노노그램을 해결하기 위해서는 어떠한 전략이 필요할까요?

핵심 전략

① 칠을 해야 할 칸을 찾아 칠을 하라. 뿐만 아니라 칠하지 말아야 할 곳을 찾아 X 표시를 하라.

② 큰 수에 주목하라.

큰 수는 중간 부분에 겹치는 곳이 반드시 생긴다. 예를 들어, 한 변이 10칸인 노노그램에서 8칸을 칠해야 하는 경우는 어디에 칠을 하던 가운데 6칸은 반드시 칠을 해야 됩니다.

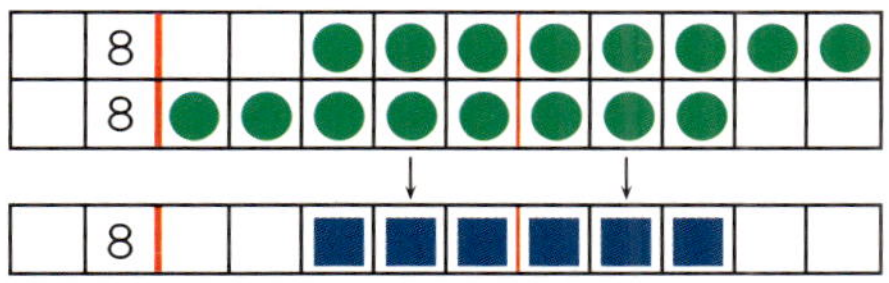

2개의 숫자를 합해서 큰 수가 되는 경우도 같은 방법을 사용합니다.

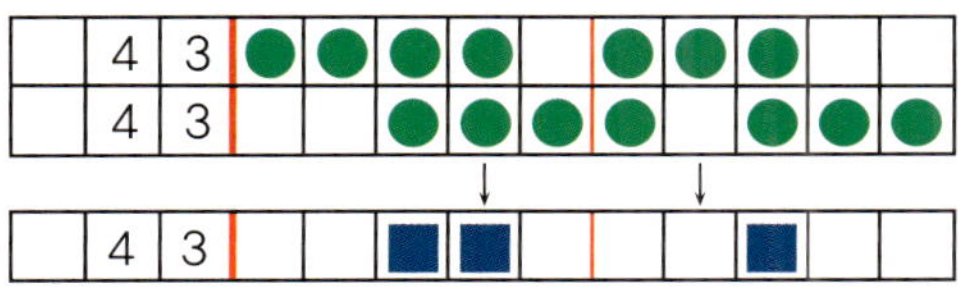

여기서 '큰 수'란 겹치는 부분이 있어야 하므로 한 변 크기의 반보다 큰 수를 말합니다.

③ 칠할 수 없는 곳이 있으면 남은 범위에서 칠할 수 있는 곳을 찾아라.

칠할 수 없는 곳을 찾아 X로 표시해 둔 아래 그림에서, X의 왼쪽 4칸 중에 3칸을 칠해야 하므로 가운데 2칸은 칠할 수 있습니다. 오른쪽도 같은 요령입니다.

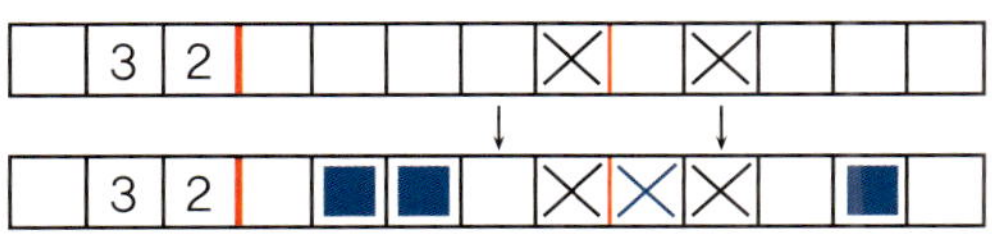

※ 이 규칙은 가로줄, 세로줄 모두에 적용됩니다.

문제 해결의 예

아래 노노그램은 10 × 7의 grid입니다. 어디서부터 시작을 해야 될까요? (3.2.3)을 찾았습니까? (3.2.3)은 숫자 사이에 빈칸이 하나씩 있습니다(3 + 1 + 2 + 1 + 3 = 10).

그러므로 세로 10칸에 꼭 맞습니다. 칠을 할 곳은 칠을 하고 칠을 해서는 안 되는 곳은 점을 찍어 둡시다. 다음에는 어디를 칠해야 할까요?

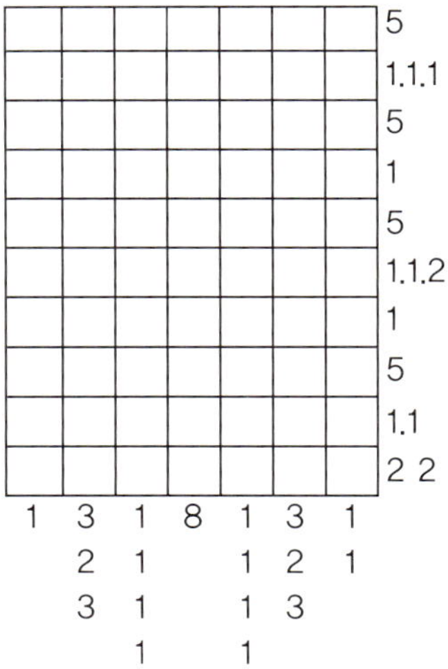

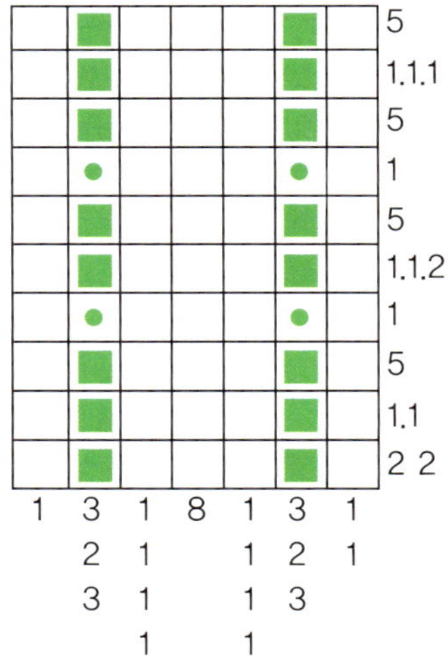

5를 발견했습니까? 다음에는 어디를 하지요?

(1.1.1)과 (1.1.2)가 좋겠습니다. 그리고 (1.1)의 남은 칸에도 점을 찍어 둡시다. 다음에는 어디를 하죠?

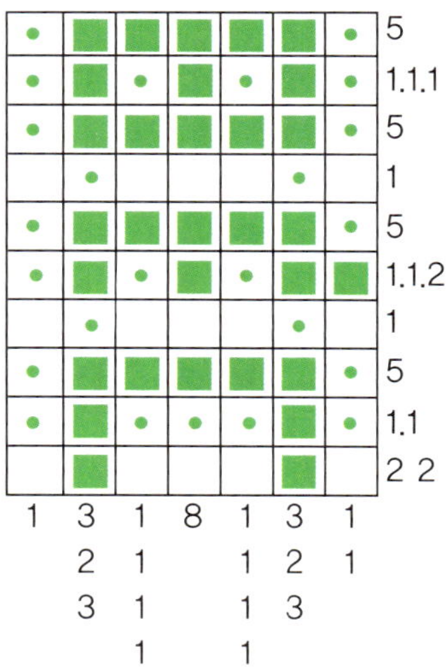

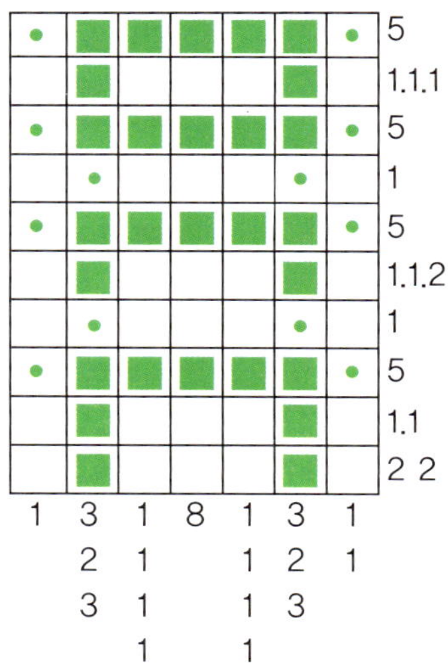

이제 (8)을 완성합니다. 완성되었습니까? 또는 부족한 부분이 있습니까? 마지막 줄이 미완성이었습니다. 아래 오른쪽 격자가 완성된 모습입니다.

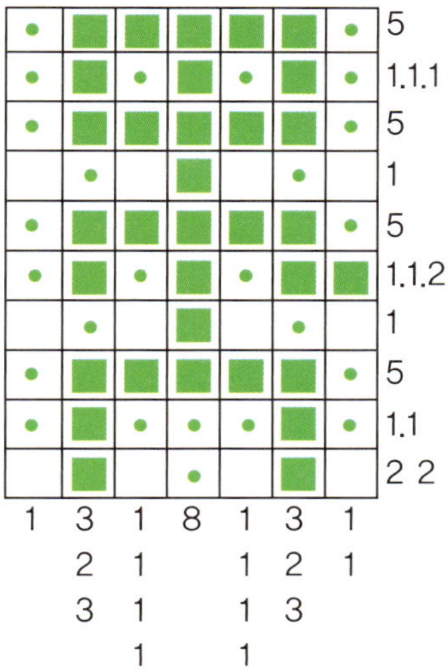

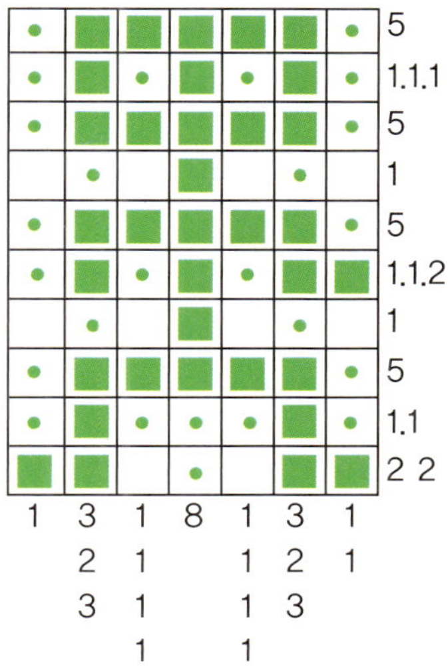

처음 문제를 보면 막막하지만, 생각하고 또 생각하면서 조금씩 조금씩 완성해 나가는 재미는 비할 바가 없을 것입니다. 노노그램도 많이 즐겨 보세요!

문제 6-6 노노그램 퍼즐 (레벨 3)

가로 세로 15칸의 격자(15 × 15 grid)에는 숨겨진 글자가 있습니다. 무슨 글자일까요?

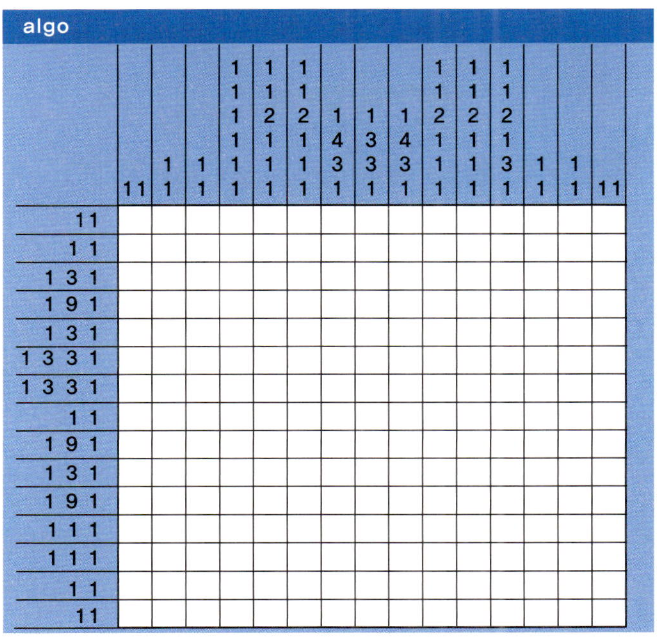

문제 6-7 노노그램 퍼즐 - 공

무슨 공 운동일까요? (레벨 2)

	10	1	3	1	3 1 1	1 3	3 1 1	7	6 1	2 2
5 1										
1 1 1 1 2										
1 1 1 4										
1 2										
1 5										
1 2										
1 4										
1 1 1										
1 2 3										
1 1										

문제 6-8 노노그램 퍼즐 - 운동

무슨 운동을 하고 있을까요? (레벨 2)

	2	2 2	3 3	6 1	3 1 1	7 1	2 2 3	2 2	2	1
2										
4										
4										
5										
3 3										
2 1 1 2										
1 5 2										
1 1										
7										
1 1										

문제 6-9 무슨 동물일까요? (레벨 4)

	10	2 6	2 3	2	1	0	7	1 11	4 6	4 4	3 3	2 2	2 2	4 1	5 1	2 2 1	3 1	2 1	4	2 1	3 1	2 2 2	5 1	4 1	2 2 2	3 3	4 4	4 9	3 6	1 6
4 5																														
5 6																														
2 3 4																														
2 2 2																														
2 1 2 2																														
2 1 4 4																														
1 1 3 1 1 3 1																														
1 2 5 5 2																														
1 2 3 3 2																														
2 3 3 3																														
2 3 3 3																														
2 4 1 1 1 4																														
3 5 6 5																														
3 7 6																														
3 8 8																														

6.2 논리 퍼즐

논리 퍼즐은 사고력 증진을 위한 가장 핵심적인 논리를 찾아내는 훈련(logical thinking)을 함으로써 잠자는 뇌를 깨우는 것을 목표로 하고 있습니다. 논리 퍼즐 문제는 쉬운 문제에서 많은 사고를 요구하는 문제까지 다양합니다. 어떤 문제는 한 문제를 풀기 위하여 하루를 꼬박 고민해야 할지도 모릅니다. 하지만 절대로 포기하지 마시오. 어려운 문제일수록 그 문제를 풀었을 때 나만이 느낄 수 있는 감동이 커지기 때문입니다. 그 순간의 희열을 맛보시오. 평생 잊지 못할 것입니다. 그리고 어떤 문제도 풀 수 있다는 자신감이 생깁니다. 이러한 자신감이 지금까지 퍼즐을 힘들게 공부한 목표이자 바로 보람입니다.

문제 6-10 거짓말쟁이 퍼즐 (레벨 2)

천사, 악마, 인간이 있습니다. 천사는 항상 진실을 말하고, 악마는 항상 거짓을 말하며, 인간은 진실을 말하기도 하고 거짓을 말하기도 합니다. 아래 세 여자의 정체는?
이 문제를 쉽게 풀기 위해서는 어떠한 전략이 필요할까요?

① 검은색 드레스의 여자 : "나는 천사가 아냐"

② 파란색 드레스의 여자 : "나는 인간이 아냐"
③ 흰색 드레스의 여자 : "나는 악마가 아냐"

문제 6-10 | 풀이과정

논리 퍼즐의 가장 전형적인 문제는 수의 조작이나 상호 교환이 없는 '짜맞추기 문제' 입니다. 세계적으로 95% 이상이 이러한 유형의 문제로 이루어져 있습니다. 이런 유형의 문제를 풀 때에는 답표부터 만들어 보는 것이 가장 좋은 방법입니다.

이 문제를 해결하기 위해서는 우선 그 발언만으로도 뭔가를 알 수 있는 발언이 있는지를 생각해야 합니다. 이것이 있는지 없는지를 찾는 것이 거짓말쟁이 문제를 공략하는 첫 단계입니다.

위의 예제 문제에서 "나는 천사가 아냐"라고 말할 수 있는 것은 인간뿐입니다. 왜냐하면 천사가 이 말을 했다면 거짓말을 한 것이 되며, 악마가 이 말을 했다면 진실을 말한 것이 되기 때문입니다.

"나는 인간이 아냐"라고 말할 수 있는 것은 천사와 인간뿐입니다. 왜냐하면 악마가 이 말을 했다면, 악마가 진실을 말한 게 되기 때문입니다. 이 경우 천사는 진실을, 인간은 거짓을 말한 것이 됩니다.

"나는 악마가 아냐"라는 말은 천사, 악마, 인간 누구나 할 수 있습니다. 이 때 인간과 천사는 진실을, 악마는 거짓을 말한 것이 됩니다.

이를 정리해 답표를 만들면 다음과 같습니다.

	천사	악마	인간
검은색 드레스의 여자	×	×	○
파란색 드레스의 여자		×	×
흰색 드레스의 여자			×

따라서 파란색 드레스의 여자는 천사, 흰색 드레스의 여자는 악마라는 것을 알 수 있습니다.

	천사	악마	인간
검은색 드레스의 여자	×	×	○
파란색 드레스의 여자	○	×	×
흰색 드레스의 여자	×	○	×

거짓말쟁이 문제를 풀 때, 다음으로 중요한 것은 서로 다른 발언 사이의 모순을 찾는 것입니다. 예를 들어, A, B, C 세 사람이 있는데, 한명만이 거짓말을 했다고 가정하자. 그리고 A가 "C는 인형이야"라고 말하고, B가 "C는 인형이 아니야"라고 말했다면, A와 B 둘 중 누군가는 거짓말을 한 것이 됩니다. 따라서 거짓말을 한 것이 한 사람뿐이라는 조건에 의해 C의 발언이 진실임을 알 수 있습니다.

문제 6-11 걸리버 이야기 (레벨 2) ★

여행을 하던 걸리버가 풍랑을 만나 어떤 섬에 상륙을 했다. 이 섬에는 항상 바른 말을 하는 '착해' 족과 항상 거짓말을 하는 '나빠' 족이 사이좋게 살고 있는 이상한 섬입니다. 주위를 두리번거리던 걸리버가 저쪽에 있는 세 사람을 발견하고 다가갔다.

먼저 왼쪽 사람에게
"가운데 사람은 '착해' 족입니까?" 라고 물었더니,
"아니오, '나빠' 족입니다" 하고 대답했다.
이번에는 가운데 사람에게
"옆에 앉은 사람들은 '착해' 족입니까 아니면 '나빠' 족입니까?" 라고 물었더니,
"둘 다 나와 같은 부족입니다" 라고 대답했다.
마지막으로 오른쪽 사람에게
"가운데 사람은 '착해' 족입니까?" 라고 물었더니,
"예, 그렇습니다" 라고 대답했다.
그렇다면 누가 '착해' 족입니까?

문제 6-12 낙타 경주 (레벨 1)

아랍의 어느 추장이 자기의 후계자를 정하기 위하여 두 형제에게 낙타 경주를 시켰습니다. 경기 방법은 멀리 떨어진 사막의 마을에 늦게 도착하는 낙타의 주인이 이기는 것입니다. 둘은 서로 더 느리게 가느라 고생이 심했습니다. 그 때 현명한 사람이 나타나서 충고를 하자 두 사람은 서로 빨리 가려고 경쟁했습니다. 현명한 사람은 어떤 말을 했을까요?

문제 6-13 음악가, 작가, 화가 (레벨 2)

직업이 각각 음악가, 작가, 화가라는 것은 알고 있습니다. 음악가는 항상 참말을 하고, 작가는 항상 거짓말을 하고, 또 화가는 참말을 하기도 하고 거짓말을 하기도 합니다. A, B, C 세 사람의 직업은?

A : C는 작가가 아닙니다.
B : A는 음악가가 아닙니다.
C : B는 음악가입니다.

문제 6-14 판도라 상자 (레벨 1)

판도라 공주는 지혜로운 남편을 얻으려고 퀴즈 문제를 냈습니다. '3개의 상자에 붙어 있는 쪽지는 모두 거짓이거나 하나만 참입니다. 어느 상자에 반지가 있을까요?

1번 상자 : 여기에 반지가 있다.
2번 상자 : 여기엔 반지가 없다.
3번 상자 : 1번 상자에는 반지가 없다.

문제 6-15 사라진 곶감 (레벨 2)

곶감이 하나 사라졌습니다. 분명히 4개였는데. 아이들 4명을 불러 모아 다그쳤습니다.

① A : '저는 안 먹었어요.'
② B : 'A는 거짓말해요.'
③ C : 'B가 거짓말해요.'
④ D : 'B가 먹었어요.'

이 중에 한 아이는 바른말을 하지만 나머지 세 아이는 거짓말을 하고 있습니다. 바른말을 한 아이는 누구입니까?

문제 6-16 약혼자는 누구일까요? (레벨 2)

A, B, C는 아가씨들이고 X, Y, Z는 총각들인데 서로서로 약혼을 했습니다.

① Z는 Y보다 나이가 많은데 A의 오빠이고,
② C는 다른 아가씨들보다 나이가 많으며,
③ 약혼자들의 나이 합계는 모두 같은데 같은 나이의 약혼자는 없고,
④ A와 X의 나이를 더하면 B와 Y의 나이를 더한 것과 같습니다.

C의 약혼자는 누구일까요?

문제 6-17 이상해! (레벨 2)

과수원을 하는 부부가 각각 30개의 사과를 팔았습니다.

① 부인은 2개에 100원 받고 팔아서 1500원을 벌었고,
② 남편은 3개에 100원 받고 팔아서 1000원을 벌었습니다.

그런데 이상합니다. 부인과 남편을 합해서 생각하면 5개에 200원 받고 팔았고, 그러면 2400원이 되어야 합니다. 그런데 왜 2500원이죠? 뭐가 잘못되었는지를 설명해 보세요.

문제 6-18 9장의 카드 (레벨 2)

1~9가 쓰여져 있는 9장의 카드를 엎어서 책상위에 쌓아둡니다. 그리고 가장 위에 있는 첫 번째 카드를 맨 아래에 끼워 넣고 두 번째 카드를 들추어내면 1, 세 번째 카드를 맨 아래에 끼워 넣고 네 번째 카드를 들추면 2, 이러한 방법으로 계속하여 1부터 9까지의 수가 연속적으로 나오게 하고 싶습니다. 카드의 순서를 어떻게 놓으면 될까요?

문제 6-19 | 색깔 찾기 퍼즐 (레벨 3) ★★

철수, 영수, 순희 세 사람이 한 줄로 앉아 앞을 바라보고 있습니다. 이들에게 빨강모자 3개와 파랑모자 2개를 보여주고, 눈을 감고 있는 동안 세 사람에게 모자를 씌웠다. 맨 뒤의 사람은 앞에 두 사람의 모자를 볼 수 있고, 가운데 앉은 사람은 맨 앞에 앉은 사람의 모자를 볼 수 있으며, 맨 앞 사람은 어떤 모자도 볼 수 없습니다. 맨 뒤에 앉은 순희는 자신의 모자색을 모른다고 말했고, 가운데 앉은 영수도 자신의 모자색을 모른다고 말하자, 맨 앞에 앉은 철수는 자신의 모자색을 안다고 말했다. 철수의 모자는 무슨 색일까?

문제 6-19 | 풀이과정

세 사람은 자기의 모자 색에 대해 다음과 같이 답했다.

(맨 앞) 철수(안다), 영수(모른다), 순희(모른다)

하지만 여기에서 철수와 영수가 모두 파랑 모자였다면, 파랑 모자가 둘 뿐이므로 순희는 자신의 모자가 빨강색이라는 것을 알 수 있습니다. 하지만 순희는 자신의 모자색을 모르겠다고 했으므로, 철수와 영수의 모자는 둘 다 파랑색이 아니라는 걸 알 수 있습니다.

따라서 (철수의 모자, 영수의 모자)는 (빨강색, 빨강색)이거나 (빨강색, 파랑색)이거나 (파랑색, 빨강색) 중의 하나임을 추정할 수 있습니다.

그런데 철수가 파랑 모자였다면 영수는 자신이 빨강색 모자라는 것을 추정하여 안다고 말했을 것이므로, 결국 철수는 파랑색 모자를 쓰고 있지 않다는 것을 알 수 있습니다.

문제 6-20 | 생각 뒤집기 퍼즐 - 돼지우리 (레벨 3)

5마리 돼지를 4칸의 돼지우리에 우리마다 홀수로, 빈 우리 없이 넣으려고 합니다. 어떻게 넣으면 될까요?

문제 6-20 | 풀이과정

생각 뒤집기 퍼즐은 누구나 생각할 수 있는 일반적인 방법으로는 풀기가 어려우며, 지금까지와는 완전히 다른 생각으로 접근하여야만 풀 수 있는 퍼즐입니다. 답을 알고 나면 너무나 쉽다. 하지만 왜 그러한 생각을 미리 하지 못했는지를 반성하고 새로운 각도에서 문제를 풀 수 있는 사고력을 키워야 할 것입니다. 풀기 전에는 절대 답을 보지 마시오.

문제 6-21 | 생각 뒤집기 퍼즐 - 박스 (레벨 3)

21개의 공을 4개의 통(box)에 넣는데, 각각의 통에는 홀수개의 공을 넣고 싶다. 어떻게 넣으면 될까?

문제 6-22 나비 비행 거리 (레벨 1)

10km 떨어진 곳에서 2사람이 마주 보며 시속 10km로 자전거를 타기 시작했습니다. 바로 그때부터 한 사람의 모자에 앉아 있던 나비가 시속 30km로 다른 쪽 사람의 모자로 날아가고 또 날아오고를 반복했습니다. 얼마 후, 2사람은 부딪쳐서 넘어졌고 나비는 가까스로 살아났습니다. 나비가 날아다닌 거리는 몇 km일까요?

문제 6-23 사고의 모순 찾기 퍼즐 (레벨 3) ★★★

배낭여행을 떠난 세 사람이 한 사람 당 만원씩 내어 3만원을 호텔 직원에게 주고 방 하나를 얻었다. 얼마 후, 이 사실을 알게 된 양심 있는 호텔 주인은 25000원인데 너무 많이 받았으므로 나머지를 돌려주라고 하였다. 호텔 직원은 세 사람에게 1인당 1000원을 할인하여 준다고 말하며 2000원은 자기 주머니에 넣고 3000원만 돌려주었다. 그런데 무언가 이상하지 않은가요? 이렇게 되면 일인 당 9000원씩 27000원의 숙박료와 직원이 가져간 2000원을 합해도 29000원 밖에 안 됩니다. 1000원은 어디로 사라졌을까요? 논리적으로 설명해 보시오.

문제 6-24 걸어 온 거리는 얼마일까요? (레벨 1)

A씨가 5:00에 퇴근하여 지하철을 타고 6:00에 집에서 가까운 역에 도착하면, 때마침 마중 나온 부인이 A씨를 차에 태워 집으로 돌아갑니다. 매일 이와 같습니다. 그런데 어느 날, A씨는 4:00에 퇴근하여 5:00에 역에 도착했지만 부인에게는 연락하지 않고 집 쪽으로 걸어 갔습니다. 한편 부인은 평소와 같은 시간에 집을 출발하여 평소와 같이 시속 30km로 역으로 마중을 나갔는데, 도중에 남편을 만나서 함께 되돌아 왔습니다. 평소보다 20분 빠른 시간입니다. 그렇다면 A씨가 걸어 온 거리는 몇 km일까요?

문제 6-25 배를 몇 척이나 볼 수 있을까요? (레벨 1)

부산에서는 매일 낮 12시에 호주의 시드니로 배가 떠나갑니다. 같은 시간에 시드니에서도 부산으로 배가 옵니다. 부산에서 시드니까지는 꼭 일주일이 걸립니다. 어느 날, 부산에서 배를 탄 사람은 시드니에 도착할 때까지 시드니에서 오는 배를 몇 척이나 볼 수 있을까요?

문제 6-26 앨리스 (레벨 1)

이상한 나라의 앨리스(Alice's Adventures in Wonderland, Lewis Carroll 지음)에는 100명의 군인이 전쟁에 나가서 70명은 눈을 다치고, 75명은 귀를 다치고, 80명은 팔을 다치고, 85명은 다리를 다쳤습니다. 최소 몇 명이 네 가지 모두를 다쳤을까요?

문제 6-27 보석 반지 (레벨 3)

어머니에게 보석이 박힌 금반지를 사 드리려고 보석상에 들렀습니다.

- 2개의 루비와 1개의 다이아몬드를 박으면 300만원,
- 4개의 수정과 1개의 다이아몬드를 박으면 200만원,
- 3개의 에메랄드, 1개의 수정 그리고 1개의 다이아몬드는 140만원이었습니다.

나는 루비 1개, 다이아몬드 1개, 에메랄드 1개 그리고 수정 1개가 골고루 박힌 금반지를 사 드리려고 생각했습니다. 반지 값은 얼마일까요?

문제 6-28 ▌ 90개의 사과 (레벨 3)

페르시아의 족장인 콰디(Qadi)가 지혜롭고 아름다운 세 명의 딸에게 얘기합니다.
'파티마(Fatima)는 50개, 쿤다(Cunda)는 30개, 시아(Shia)는 10개의 사과를 가지고 시장에 가서 팔아라. 세 명 모두 같은 시간에는 같은 값에 팔지만 판 돈은 모두 같아야 한다.'
콰디는 딸들의 지혜를 시험해 보고 있습니다.
'다 팔지 않고 남겨도 되나요?' 방법이 생각나지 않는 파티마가 여쭈어 보았습니다.
'모두 다 팔아야 한다.' 콰디는 대답했습니다.
과연 콰디의 딸들은 이 문제를 해결할 수 있을까요?

- '불가능합니다. 무슨 속임수가 있는 것은 아닙니까? 가능하고 속임수도 없습니다.
- '알겠습니다. 0원에 팔면 되지 않습니까?' 수학적으로는 가능하지만 바른 방법은 아닙니다.
- '아무리 생각해도 방법이 없는 것 같습니다. 있다면 설명해 주십시오.'
  - 7개씩 묶음을 만듭니다. 남은 사과는 따로 보관합니다.
  - 한 묶음에 1 디나르를 받고 팝니다.
  - 3명 모두의 묶음이 다 팔리면, 남은 사과는 한 개에 3 디나르에 팝니다.
  - 그러면 모두 10디나르 씩 똑 같아집니다. (참으로 현명한 딸들입니다.)

나는 각각 55 디나르를 벌게 할 수도 있습니다. 처음에는 각각 정해진 개수만큼 한 개에 1 디나르씩 받고 팝니다. 정해진 개수를 모두가 팔고 나면, 남은 것은 한 개에 얼마씩 받고 팔면 될까요?

(6)

문제 6-29 코코넛 2 (레벨 4)

온 종일 코코넛을 모은 5마리 원숭이는 밤이 되자 너무 피곤하여 그 자리에서 잠이 들었습니다. 이튿날 새벽, 일찍 일어난 원숭이 한 마리는 다른 원숭이들의 잠을 깨우지 않으려고 살며시 나왔습니다. 그리고 어제 따 놓은 코코넛을 5 몫으로 똑같이 나누었습니다. 나누면서 한 개 남는 것은 먹고, 자기 몫을 가지고 집으로 갔습니다. 조금 후에 또 한 마리의 원숭이가 일어났습니다. 그 원숭이는 자기가 제일 먼저 일어난 것으로 알고 흩어진 코코넛을 모아 처음 원숭이처럼 했습니다. 하나 먹는 것까지 똑같았습니다. 셋째, 넷째 원숭이도 차례로 일어나서 앞의 원숭이들과 똑 같이 했습니다. 다섯째 원숭이도 똑같이 했습니다. 몫을 나누고 남은 한 개 먹는 것까지 똑 같이 했습니다. 모두가 착한 행복한 원숭이 마을입니다.

처음에 최소 몇 개의 코코넛이 있으면 이렇게 할 수 있을까요?

문제 6-30 개의 가격 (레벨 4)

바바(Baba)와 알리(Ali)는 오랜 낙타 몰이꾼(caravan) 생활을 그만두고 재산을 똑같이 나누어 각자 양치기 생활을 하기로 하였습니다. 재산은 개와 낙타였는데 개는 양치기할 때도 필요하므로 미리 같은 마리 수로 나누어 두고 낙타를 몰고 시장에 가서 팔았습니다. 낙타 한 마리의 값은 전체 마리수와 같았습니다. 받은 돈으로 한 마리에 10디나르(dinar : 돈의 단위)하는 양을 살 수 있는 만큼 사고, 남은 돈을 몽땅 주고 염소 한 마리를 더 샀습니다. 그리고 돌아오면서 둘은 얘기를 했습니다.

'양을 똑같이 나누면 한 마리가 남는데 그것은 내가 하고 너는 염소를 가져라.'

바바가 얘기했습니다.

'공평하지 않다.'

'그러면 나의 개 한 마리를 더 주겠다.'

'좋다. 공평하다고 생각한다.'

알리가 대답했습니다.

알리는 개 한 마리의 값을 몇 디나르라고 생각했을까요?

문제 6-31 다섯 과목 릴레이 (레벨 3) ★

혜진이는 어젯밤 9시에서 11시 30분까지 다섯 과목을 공부했습니다(동시에 두 과목 이상을 공부하지는 않았습니다). 각각의 과목을 공부하는데 걸린 시간은 모두 달랐습니다. 혜진이는 몇 시부터 몇 시까지 무슨 과목을 공부했을까요?

- 공부한 과목 : 국어, 영어, 수학, 화학, 생물
- 과목별 공부하는데 걸린 시간 : 10분, 20분, 30분, 40분, 50분

① 혜진이는 10시 5분에는 수학 공부를 하고 있었습니다.
② 세 번째로 한 공부는 10분, 네 번째로 한 공부는 50분이었습니다.
③ 국어 공부 다음으로 한 것은 수학 공부였고, 영어 공부(20분) 다음으로 한 것은 화학 공부였습니다.

시간(오후)	공부
9 : 00~	
~	
~	
~	
~	
~ 11 : 30	

문제 6-32 ▌ 금괴의 수 (레벨 4) ★★

어느 계곡에 사는 4마리의 비버(바비, 데비, 리비, 피비)는 어느 날 각각 서로 다른 수의 금괴를 발견했습니다. 비버들은 모두 그 금괴 중 일부를 4마리 중 한 마리의 비버에게 선물로 주었습니다. 그 결과 4마리 모두 누군가에게 금괴를 선물로 받게 되었습니다. 단, 선물을 준 금괴의 수는 각각 다르며, 2마리만 금괴를 서로 주고받은 경우는 없습니다. 또한 선물을 주고받은 후 가지고 있는 금괴의 수는 처음과 같을 수도 있습니다. 누가 몇 개의 금괴를 발견했고, 누구에게 몇 개를 선물로 주었나요?

- 처음에 가지고 있던 금괴의 수 : 5개, 6개, 7개, 8개
- 누구에게 주거나 받은 금괴의 수 : 1개, 2개, 3개, 4개

① 처음 8개를 가지고 있던 바비에게 금괴를 선물한 피비는 결국 2개가 되었다.

② 리비는 선물을 주고 받은 후 5개가 되었다.

	처음 금괴 수	선물을 준 대상	선물을 준 금괴의 수	선물로 받은 금괴의 수	최종 금괴 수
바비					
데비					
리비					
피비					

문제 6-33 달려라 토끼 (레벨 5)

산토끼, 집토끼, 눈토끼, 멧토끼 4마리가 매주 월요일마다 달리기 시합을 합니다. 지난 주와 마찬가지로 이번 주도 두 마리가 1등을 하는 동순위는 없었습니다. 그리고 지난 주 1위를 한 것은 눈토끼가 아닙니다. 네 마리의 토끼는 다음과 같은 발언을 했는데, 지난 주와 비교해서 순위가 내려간 토끼는 거짓을, 그렇지 않은 토끼는 진실을 말하고 있습니다. 네 마리의 토끼는 지난 주와 이번 주 각각 몇 위를 했을까요?

① 산토끼 : "집토끼는 지난 주에 2위였죠."
② 집토끼 : "눈토끼는 이번 주 2위였어요."
③ 눈토끼 : "멧토끼는 이번 주 순위가 올라갔어요."
④ 멧토끼 : "산토끼는 이번 주 순위가 올라갔죠."

	지난 주 순위	이번 주 순위
산토끼	위	위
집토끼	위	위
눈토끼	위	위
멧토끼	위	위

서커스

이 책의 모든 문제를 다 푸셨습니다. 너무나 고생 많이 하셨습니다. 하지만 여러분들이 고생하신 만큼 분명 여러분의 사고력은 한 단계 증진되어 있으리라 확신합니다. 아마 어떤 문제가 주어져도 풀 수 있다는 자신감은 분명 생겼을 것입니다. 이러한 자신감은 여러분들이 현실적으로 부딪히는 문제를 해결하는데 많은 도움이 될 것이고 다른 사람과의 경쟁에서 이길 수 있는 원천이 될 것입니다.

난이도 ★★★★☆

서커스 극장의 높은 천장에 그네용 밧줄 두 개가 연결돼 있습니다. 이 밧줄 두 개를 모두 풀어야 할 일이 생겼는데 공중그네 배우는 이 밧줄을 타고 올라가 한 번에 두 개의 밧줄을 풀었다고 합니다. 게다가 몸에는 아무런 상처도 입지 않았습니다. 대체 어떻게 된 일일까요? 밧줄을 타고 올라갈 때는 한 손밖에 사용할 수 없기 때문에 매듭을 푸는 작업은 할 수 있지만 묶는 작업은 할 수 없습니다. 지붕이나 벽을 이용한 것도 아니고 사다리나 봉 같은 도구도 전혀 사용하지 않았습니다. (제한시간 7분)

퍼즐 문제의 답

[기업체 입사 테스트]

(7) 17분
(8) 199981
(9) 37359000

[사전 사고력 테스트]

(1) 원탁의 기사 : 7번째
(2) 코코넛 : 54개
(3) 모빌 : 4
(4) 거북이 : 11분
(5) 오토바이 : 180 Km

[창의력 퍼즐]

문제 3-1

문제 3-2

문제 3-3

문제 3-4 원본 A

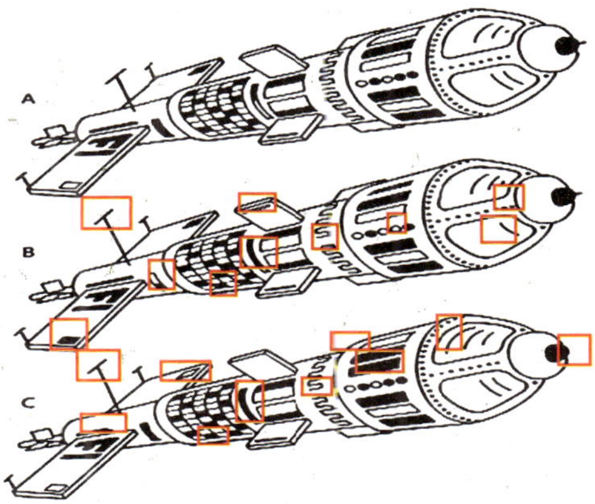

쉬었다 가세요 모자(母子) 관계.

문제 3-5

문제 3-6 (1)

숨은그림

제트기
알파벳 S자
나비넥타이
국자

문제 3-5 (2)

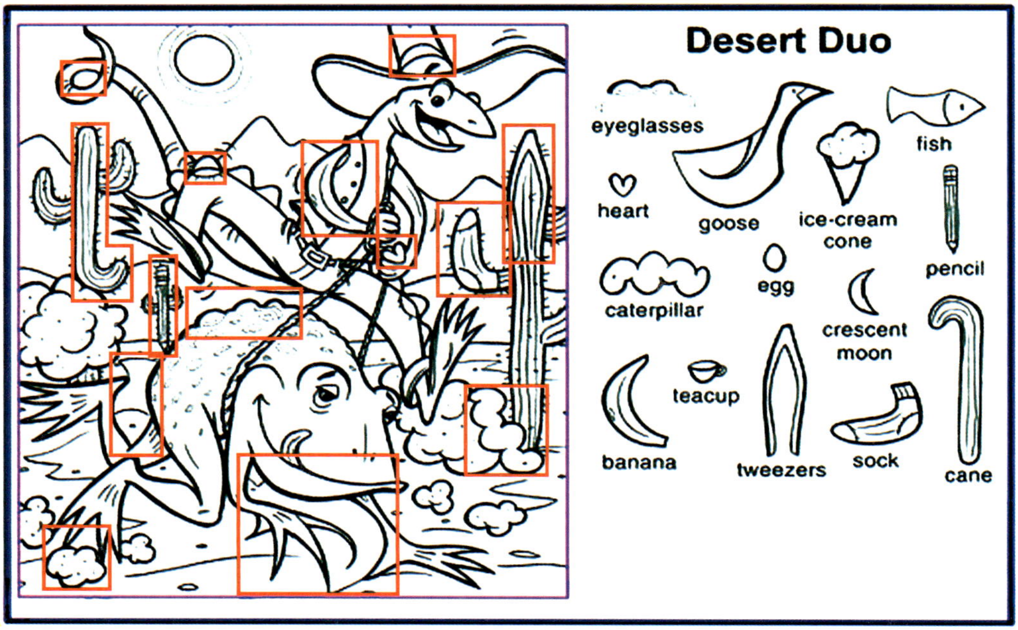

쉬었다 가세요 종이를 구부려 타원을 만들면 된다.

문제 3-7

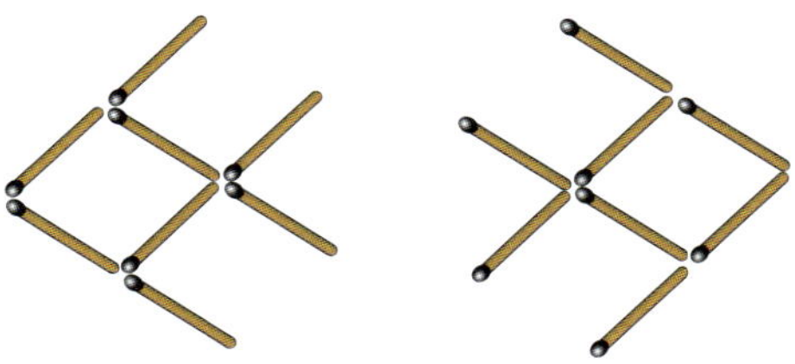

문제 3-8

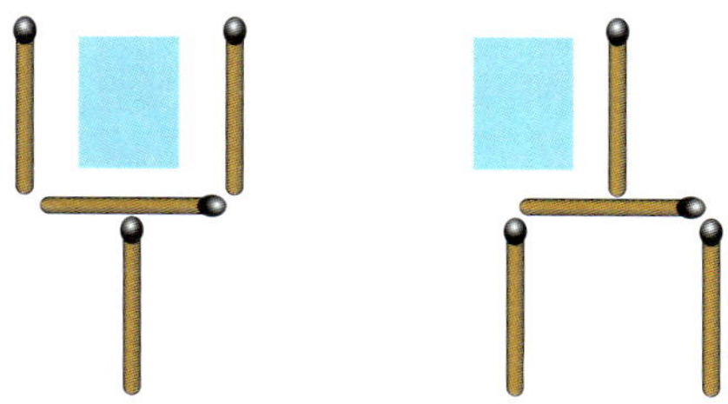

문제 3-9

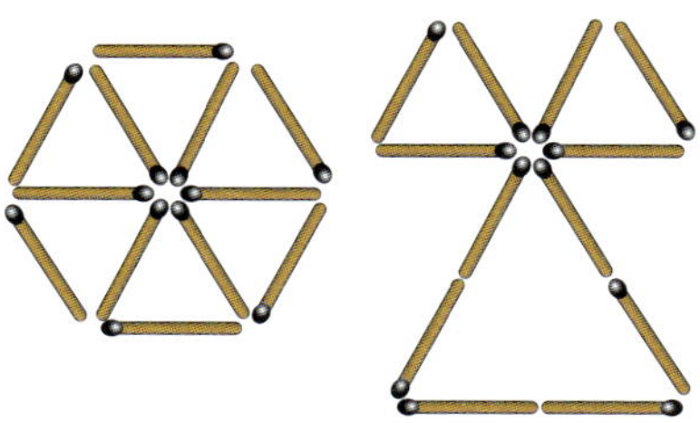

문제 3-10

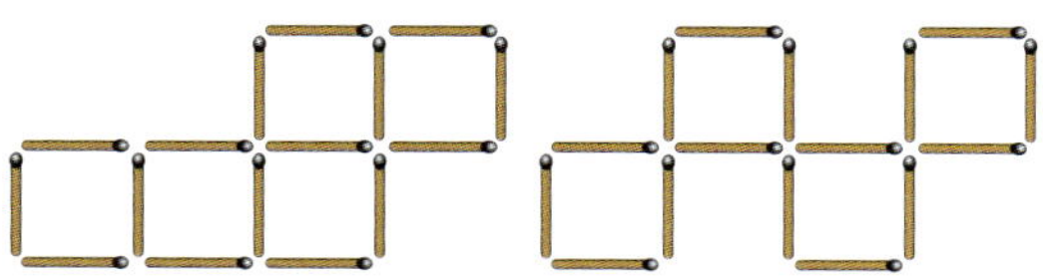

문제 3-11

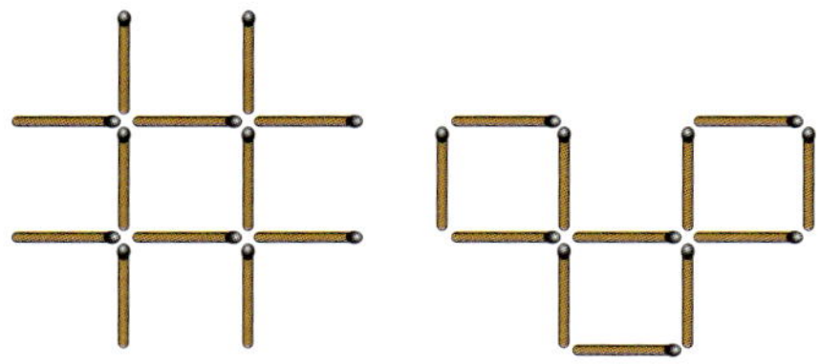

문제 3-12

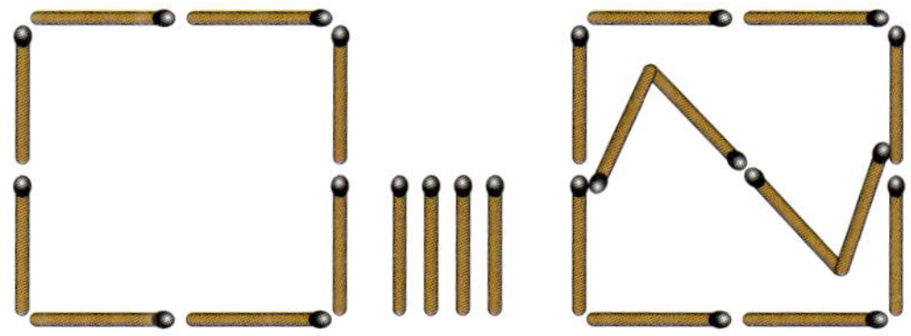

문제 3-13

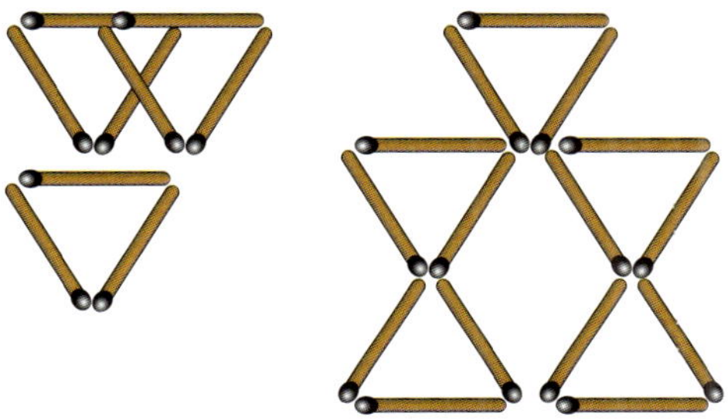

문제 3-14 5

문제 3-15 6

문제 3-16 3

문제 3-17 5

문제 3-18 정사각형 : 204개, 직사각형: 1296개

정사각형 : $8 \times 8 + 7 \times 7 + 6 \times 6 + \cdots + 2 \times 2 + 1 \times 1 = 204$개,

직사각형 : $8 \times (8 + 7 + 6 + 5 + 4 + 3 + 2 + 1)$

$$\begin{aligned}
&+ 7 \times (8 + 7 + 6 + 5 + 4 + 3 + 2 + 1) \\
&+ 6 \times (8 + 7 + 6 + 5 + 4 + 3 + 2 + 1) \\
&\qquad\vdots \\
&+ 2 \times (8 + 7 + 6 + 5 + 4 + 3 + 2 + 1) \\
&+ 1 \times (8 + 7 + 6 + 5 + 4 + 3 + 2 + 1) \\
&= 36 \times 36 = 1296\text{개}
\end{aligned}$$

문제 3-19 ① 4 : 4변의 길이가 같기 때문

② b : 직선에서 가지친 사선이 오른쪽에 있기 때문

③ C : 다른 것은 직선의 중간에서 사선이 가지쳐져 있기 때문

④ D : 번개 모양이 오른쪽이기 때문

⑤ 3 : 까만 점의 위치가 나머지와 반대 방향이기 때문

⑥ 1 : 물결의 모양이 나머지와 다르기 때문

⑦ 4 : 굵은 도형의 튀어 나온 위치가 나머지와 다르기 때문

⑧ D : 원통의 구멍의 위치가 다른 것은 오른쪽에 있기 때문

문제 3-20 ① b ② b ③ c

문제 3-21

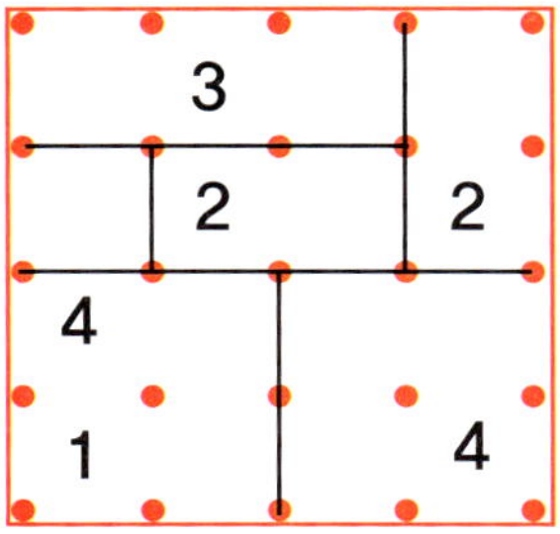

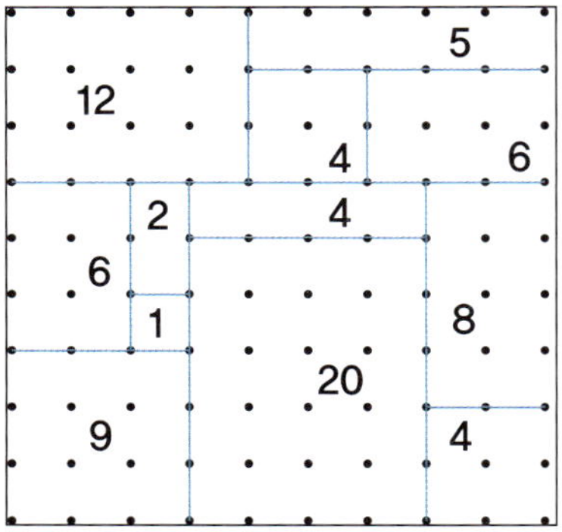

문제 3-22 답이 2개 ⇒ 좌우는 d, 상하는 d

문제 3-23 b

문제 3-24 3

문제 3-25 b

문제 3-26 6

문제 3-27 c

문제 3-28 a

문제 3-29 c

문제 3-30 2

문제 3-31

문제 3-32

펭귄

문제 3-33

미궁(Labyrinth)

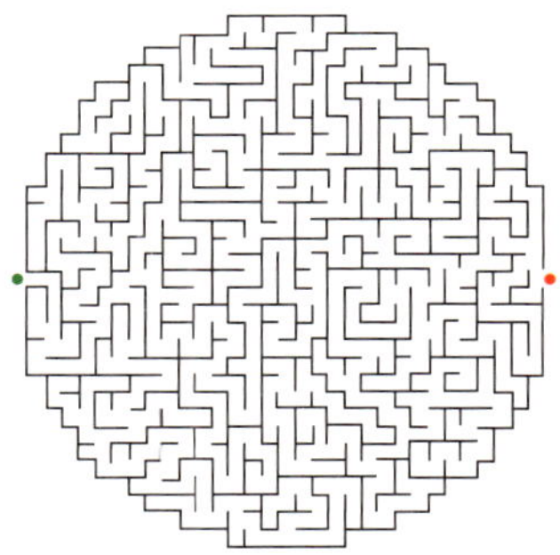

미로(Maze)

문제 3-34 3

문제 3-35

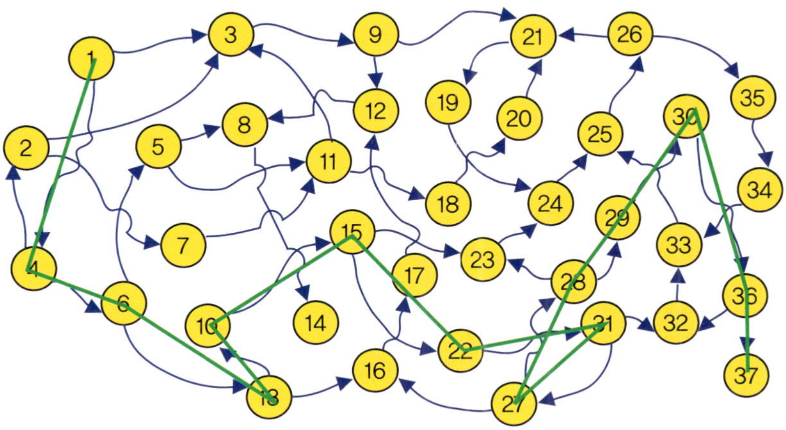

문제 3-36

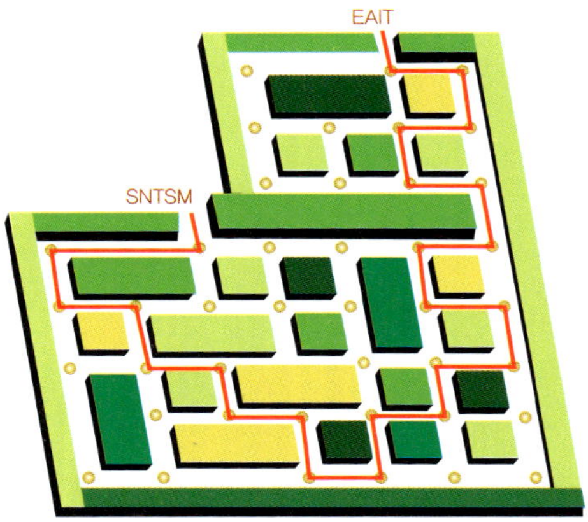

문제 3-37 Start – G – C – A – D – C – H – D – E – J – K – F – J – I – L – H – I – N – M – K – Finish

[추상화 퍼즐]

문제 4-1 10개

문제 4-2 29

문제 4-3 13

문제 4-4 23

문제 4-5 6

문제 4-6 20

문제 4-7 10

문제 4-8 20

문제 4-9 4

문제 4-10 48000

문제 4-11 24

문제 4-12 2시간 1분 : 1시간에 보내는 양은 (1/24 + 1/12 + 1/6 + 1/5)이고 이들의 최소공배수는 120이므로 1시간에 보내는 물의 양은 59/120이다.

문제 4-13 1시간 53분 41초 : 1시간에 파는 굴의 양은 (1/9 + 1/6 + 1/4)이므로 19/36이다. 따라서 굴을 다 파는데 걸리는 시간은 (36 × 120)/38로 113.68분이다.

문제 4-14 4132

문제 4-15 74658

문제 4-16 364

문제 4-17 4000억

문제 4-18 8분30초 : 두 사람에게 전화하는데 걸리는 시간은 1분이고, $2^7 = 128$, $2^8 = 256$이므로 375명 모두에게 전화하는데 걸리는 시간은 7분이면 된다. 그리고 마지막 전화 받은 사람이 대피하는데 걸리는 시간 90초를 더하면 총 8분30초가 된다.

문제 4-19 45

문제 4-20 45cm : 먼저 짧은 초에서 길이가 같아진 시점을 기준으로 촛불이 탄 시간이 150분, 남은 시간이 90분이므로 5:3의 비율을 가진다. 이를 긴 초에 적용해보면, 탄 시간은 240분, 남은 시간은 120분으로 1:2의 비율을 가지며, 긴초와 짧은 초의 길이 차가 5cm이고, 아래 그림에서 긴초 전체의 1/9에 해당하므로 전체의 길이는 45cm이다.

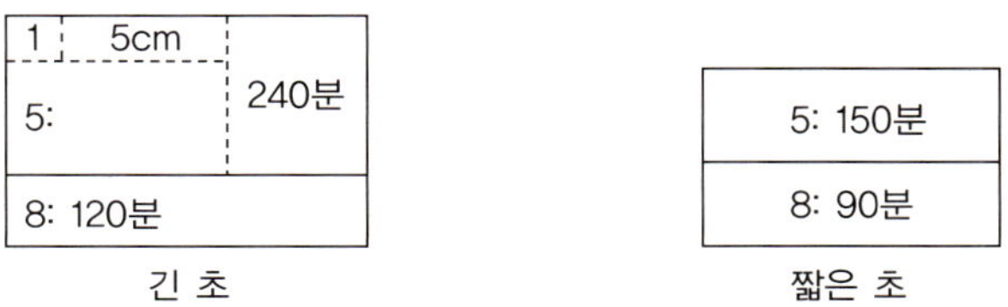

문제 4-21 6

문제 4-22 41

문제 4-23 400

문제 4-24 900

문제 4-25 70

문제 4-26 128

문제 4-27 119

문제 4-28 90

문제 4-29 2:56

문제 4-30 5 1 94

문제 4-31 250번 : 맨 밑의 통에 들어 갈 확률은 좌측부터 순서대로 1 5 10 10 5 1이고, $800 \times 10/32 = 250$이다.

문제 4-32 12

문제 4-33 40

문제 4-34 45

쉬었다 가세요 ④ 아무리 밀물이 밀려와도 배가 뜨기 때문.

문제 4-35 $4 + 4 + 4 - 4$

문제 4-36

$0 = 44 - 44 = 4 - 4 + 4 - 4$

$1 = 44 \div 44 = 4 \div 4 + 4 - 4$

$2 = 4 \div 4 + 4 \div 4$

$3 = (4 + 4 + 4) \div 4$

$4 = 4 \times (4 - 4) + 4$

$5 = (4 \times 4 + 4) \div 4$

$6 = 4 \times 0.4 + 4.4 = 4 + (4 + 4) \div 4$

$7 = 44 \div 4 - 4 = 4 + 4 - (4 \div 4)$

$8 = 4 + 4.4 - 0.4 = 4 + 4 + 4 - 4$

$9 = 4 + 4 + 4 \div 4$

문제 4-37 73

문제 4-38 8

문제 4-39 18

문제 4-40 19

문제 4-41 30

문제 4-42 5

문제 4-43 12

문제 4-44 52

문제 4-45 10

문제 4-46 13

문제 4-47 84

문제 4-48 36

문제 4-49 6 6 2

문제 4-50 60

문제 4-51 7 : 3 + 5는 십진수 8이고십진수 8이 1이 되려면 7로 나누면 된다.

문제 4-52 91

문제 4-53 2

문제 4-54 [1] ⑤ : 알파벳의 획의 수
[2] ⑤ : 안과 밖의 도형 모양
[3] ② : 안과 밖의 도형 모양
[4] ② : 알파벳의 순서 ⇒ E5
[5] ④ : 가운데 무게 중심이 없다.
[6] ④ : 연속된 알파벳
[7] ④ : 까만 원의 개수

문제 4-55 [1] C [2] B [3] C

문제 4-56 [1] 3 [2] 2 [3] 3 [4] 4 [5] 4 [6] 3 [7] 3 [8] 4 [9] 1

문제 4-57 시계방향으로 90° 회전한 후
뒤로 90° 회전 ⇒

시계방향으로 90° 회전한 후
앞으로 90° 회전 ⇒

반시계방향으로 90° 회전한 후
뒤로 90° 회전 ⇒

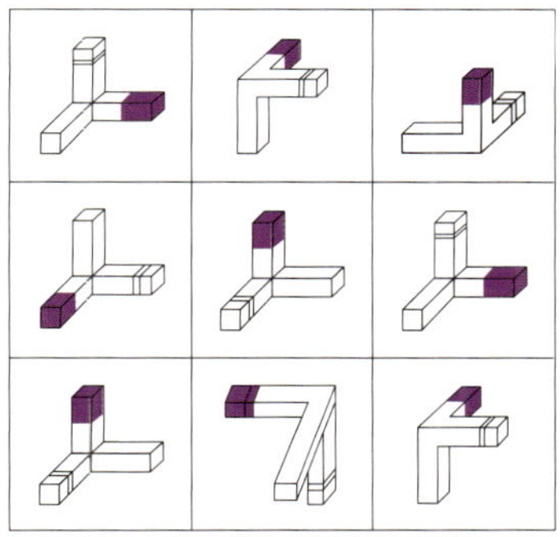

문제 4-58 풀이과정 참조

문제 4-59 4 :

8	5	8
5		5
8	5	8

훔치기 전의 사과 개수 : 56개
훔친 후의 사과 개수 : 52개

문제 4-60 1 2 11 12 / 3 4 9 10 / 5 6 7 8

문제 4-61 [1] 93 : 두 수 사이의 차가 $4(2^2)$, $9(3^3)$, $16(4^4)$, $25(5^5)$, ...
[2] 9 61 18 1 : 수를 제곱하여 십의 자리수와 일의 자리수를 바꾼 수
[3] 44 81 149 : 앞의 세 수의 합, $F(n) = F(n-1) + F(n-2) + F(n-3)$
[4] E : One, Two, Three, Four, Five, Six, Seven, Eight

문제 4-62 8 3 7 1 6 4 5 2

문제 4-63 3 8 2 5 7 6

문제 4-64 7 : (1, 13) (2, 12) (3, 11) (4, 10) (5, 9) (6, 8)을 마주 보고 있는 살의 번호로 주어 묶어 보면 7이 남게 된다.

문제 4-65 3 :

8	1	5
2		6
4	7	3

문제 4-66 2

문제 4-67 212

문제 4-68 8

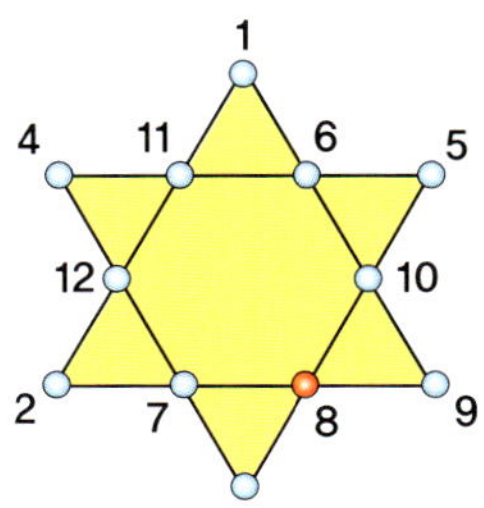

문제 4-69 163254 혹은 145236

문제 4-70 95

문제 4-71 7

문제 4-72 582 : 291 + 291 = 582

문제 4-73 171219

문제 4-74 16 : 102, 72, 262, 42

문제 4-75 풀이과정 참조

문제 4-76 13

문제 4-77 21343241

문제 4-78

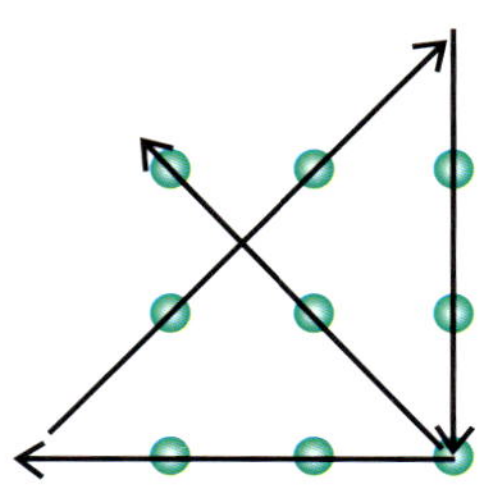

[알고리즘 퍼즐]

문제 5-1 풀이과정 참조

문제 5-2 10번, 한 수 앞 3*l*, 두 수 앞 2*l*

문제 5-3 14번, 한 수 앞 2*l*, 두 수 앞 3*l*, 세 수 앞 8*l*

문제 5-4 14번, 한 수 앞 2*l*, 두 수 앞 7*l*, 세 수 앞 1*l*

	문 5-2	문 5-3	문 5-4	문 5-5
	9 4 ∞	14 9 5	11 6 ∞	24 13 11 5
시작	0 0	14 0 0	0 0	24 0 0 0
①	0 4	9 0 5	0 6	19 0 0 5
②	4 0	9 5 0	6 0	8 0 11 5
③	4 4	4 5 5	6 6	8 11 0 5
④	8 0	4 9 1	11 1	8 13 0 3
⑤	8 4	13 0 1	0 1	8 13 3 0
⑥	9 3	13 1 0	1 0	8 8 3 5
⑦	0 3	8 1 5	1 6	8 8 8 0
⑧	3 0	8 6 0	7 0	
⑨	3 4	3 6 5	7 6	
⑩	7 0	3 9 2	11 2	
⑪		12 0 2	0 2	
⑫		12 2 0	2 0	
⑬		7 2 5	2 6	
⑭		7 7 0	8 0	

문제 5-5 키 포인트 : 3*l*를 찾는 것.

① 24l 향신료를 5*l*, 11*l* 병에 가득 붓는다. 그럼 8*l*가 남는다.
② 한명은 이걸 가지고 11*l* 병에 든 향신료를 13*l* 병에 붓고 5*l* 병에 든 향신료를 13*l* 병에 가득 차도록 붓는다.
③ 남는 향신료는 11*l* 병에 넣어둔다.
④ 13l 병을 5l 병에 가득 차도록 붓는다. 그럼 8*l*가 남는다.
⑤ 이걸 나머지 두 명 중 한 명이 가지고 나머지 11*l* 병에 남은 3*l*와 5*l*를 합치면 8*l*가 된다.

문제 5-6 풀이과정 참조

문제 5-7 키 포인트 : 4분을 만드는 것

① 5분짜리 모래시계와 7분짜리 모래시계를 동시에 뒤집는다.
② 5분짜리 모래시계가 끝나면 5분짜리를 뒤집는다.(7분짜리는 2분 남음)
③ 7분짜리 모래시계가 끝나면 7분짜리를 뒤집는다.(5분짜리는 3분 남음)
④ 5분짜리 모래시계가 끝나면 시간을 측정한다.(7분짜리는 4분 남음)
⑤ 7분짜리를 뒤집는다.(11분)

문제 5-8 키 포인트 : 2분을 만드는 것

① 4분짜리 모래시계와 7분짜리 모래시계를 동시에 뒤집는다.
② 4분짜리 모래시계가 끝나면 4분짜리를 뒤집는다.(7분짜리는 3분 남음)
③ 7분짜리 모래시계가 끝나면 7분짜리를 뒤집는다.(4분짜리는 1분 남음)
④ 4분짜리 모래시계가 끝나면 4분짜리를 뒤집는다.(7분짜리는 6분 남음)
⑤ 4분짜리 모래시계가 끝나면 시간을 측정한다.(7분짜리는 2분 남음)
⑥ 7분짜리를 뒤집는다.(9분)

문제 5-9 118초

15와 24의 최소공배수를 구하는 것이 이 문제의 핵심.
15와 24의 최소공배수 120에서 마지막 뒤집는 시간 2를 빼면 118.
만약 일일이 수를 적어가면서 풀었다면, 내 사고력 향상을 위해 반성 또 반성.

문제 5-10 풀이과정 참조

문제 5-11 ① 9 ② 3 ③ 8 ④ 14

문제 5-12 ① 5 ② 3

문제 5-13 3 5 1 2 4

키 포인트 : C D E가 가능한 것(1 2 4, 2 1 5, 1 3 5)부터 먼저 찾는 것.

문제 5-14 5

키 포인트 : 맨 아래의 두 추가 가능한 것(1 3, 2 6)부터 먼저 찾은 후, (2 6)이 되려면 바로 위의 추가 8이 되어야 하나 8이 없음으로 (1 3)임을 찾는 것.

문제 5-15 2

키 포인트 : 맨 아래 왼쪽 4개의 추가 가능한 것(1 2 3 5, 1 3 5 7)과 오른쪽 2개의 추가 가능한 것(1 2, 2 4, 3 6)을 먼저 찾은 후, 조합 가능한 것을 구하는 것.

문제 5-16 7

문제 5-17 8

문제 5-18 풀이과정 참조

문제 5-19 (1) 알 수 없다. (2) 알 수 있다.
(3) 알 수 있다. (4) 2번
(5) 5개 2번, 6개 2번, 7개 2번, 8개 3번, 9개 3번

문제 5-20 (1) 알 수 없다. (2) 알 수 없다.
(3) 2번 (4) 2번
(5) 5개 3번, 6개 3번, 7개 3번, 8개 3번, 9개 3번

문제 5-21 3번

문제 5-22 21 : 가방 1을 B1, 가방 2를 B2, 가방 3을 B3이라 하자.
B1 + B2 = 56 개
B1 + B3 = 54 개
B2 + B3 = 40 개
1번 수식과 3번 수식을 더하면 B1 + 2B2 + B3 = 96에서
B1 + B3 = 54이므로 2B2 = 42가 된다.

문제 5-23 ① 3개 원반 : 7번 ② 4개 원반 : 15번 ③ 5개 원반 : 31번

문제 5-24 17분

문제 5-25 11번,
선교사를 ○, 식인종을 ×로 표현하면

시작 지점	배	종점	설명
○○○ ×××			
① ○○ ××	○ × ⇨		식인종과 선교사 같이 건너감
② ○○ ××	○ ⇦	×	선교사 1명만 돌아감
③ ○○○	× × ⇨	×	식인종 2명이 건너감
④ ○○	○ × ⇦	××	식인종 1명만 돌아감
⑤ ○ ×	○ ○ ⇨	××	선교사 2명이 건너감
⑥ ○ ×	○ × ⇦	○ ×	선교사와 식인종이 돌아감
⑦ ××	○ ○ ⇨	○ ×	선교사 2명이 건너감
⑧ ××	× ⇦	○○○	식인종 1명이 돌아감
⑨ ××	× ⇨	○○○	식인종 2명이 건너감
⑩ ×	× ⇦	○○○ ×	식인종 1명이 돌아감
⑪	× × ⇨	○○○ ×	식인종 2명이 건너감

문제 5-26 1

문제 5-27 20 : 전체 거리를 x라 하면 철수가 운전한 거리는 갈 때 x − 40, 올 때 50이고, 영희가 운전한 거리는 갈 때, 40 올 때 x − 50이다.
철수 운전거리 − 영희 운전거리 = x − 40 + 50 − (40 + x − 50) = 20

문제 5-28 7번 (키 포인트 : 늑대는 배추를 먹지 않는다)

시작 지점	배	종점
농부, 염소, 늑대, 배추		
① 늑대, 배추	⇨ 농부, 염소 ⇨	
② 늑대, 배추	⇦ 농부 ⇦	염소
③ 늑대	⇨ 농부, 배추 ⇨	염소
④ 늑대	⇦ 농부, 염소 ⇦	배추
⑤ 염소	⇨ 농부, 늑대 ⇨	배추
⑥ 염소	⇦농부 ⇦	늑대, 배추
⑦	⇨ 농부, 염소 ⇨	

문제 5-29 1개 4개(빵 그림 참조)

문제 5-30 7

문제 5-31 2

문제 5-32 24

문제 5-33 22

문제 5-34 72

문제 5-35 2, 4

문제 5-36 255

문제 5-37 남자 16명, 여자 5명
남자의 수를 y, 여자의 수를 x라 하면
y − 1 = 3x, y = 4(x − 1)이 되어 이 방정식을 풀면 된다.

문제 5-38 55개 : 1 + 4 + 9 + 16 + 25

문제 5-39 13

문제 5-40 3번(3개짜리를 펴서 나머지와 연결시킨다)

문제 5-41 1개, 1개, 3개, 5개, 10개짜리로 분리하면 1부터 21까지를 모두 가질 수 있다.

문제 5-42 41312432

문제 5-43 36

문제 5-44 3 2 5 9 6 1 7 4 1

문제 5-45 25

문제 5-46 18명 :

2명	3명	4명	5명	6명	…	18명
1	3	6	10	18		306

문제 5-47 18일 :

추론 1) 맑은 날 오전 11번 오후 12번 ⇒ 비온 날이 오전이 1번 더 많다.

추론 2) 비온 날 13번 ⇒ 오전 7번 오후 6번

추론 3) 오전 오후 동시에 비가 내리지 않으므로 맑은 날 오전 11번 오후 12번을 만족시키기 위해서는 아래의 표와 같이 최소 18일이 필요하다.

	1	2	3	4	5	6	7	8	9	10	11	12	13	14	15	16	17	18
오전	☂	☂	☂	☂	☂	☂	☂	☀	☀	☀	☀	☀	☀	☀	☀	☀	☀	☀
오후	☀	☀	☀	☀	☀	☀	☀	☂	☂	☂	☂	☂	☂	☀	☀	☀	☀	☀

문제 5-48 5분30초(2⁸이 256이므로 8번 전화하는데 걸리는 시간 4분, 8번까지 전화한 사람 255명, 마지막 전화받은 사람(최대 256명)들이 대피하는데 걸리는 시간 1분30초)

문제 5-49 풀이과정 참조

문제 5-50 5개

[추론 퍼즐]

문제 6-1

(1)

2	1	5	6	4	3
6	3	4	5	1	2
4	5	6	2	3	1
1	2	3	4	6	5
5	6	1	3	2	4
3	4	2	1	5	6

(2)

6	1	2	4	5	3
4	3	5	6	1	2
5	2	6	1	3	4
3	4	1	2	6	5
1	5	4	3	2	6
2	6	3	5	4	1

(3)

9	1	3	8	4	6	2	7	5
4	6	8	5	7	2	9	3	1
2	5	7	1	9	3	6	8	4
3	9	2	7	1	8	4	5	6
6	8	1	2	5	4	3	5	7
5	7	4	6	3	9	1	2	8
7	3	5	9	6	1	8	4	2
1	2	9	4	8	5	7	6	3
8	4	6	3	2	7	5	1	9

(4)

2	8	9	5	6	7	1	4	3
5	7	3	4	1	2	9	8	6
6	1	4	8	9	3	2	5	7
7	6	8	2	5	9	4	3	1
9	3	5	6	4	1	7	2	8
1	4	2	3	7	8	5	6	9
4	2	7	1	3	6	8	9	5
8	9	6	7	2	5	3	1	4
3	5	1	9	8	4	6	7	2

문제 6-2

6	1	7	3	2	4	8	9	5
4	3	2	8	9	5	6	1	7
5	9	8	6	7	1	2	4	3
8	6	3	9	1	2	5	7	4
2	7	1	5	4	6	9	3	8
9	4	5	7	3	8	1	2	6
3	5	4	1	6	9	7	8	2
1	2	6	4	8	7	3	5	9
7	8	9	2	5	3	4	6	1

8	7	6	1	4	3	9	2	5
2	3	5	8	9	7	6	1	4
9	1	4	6	5	2	7	8	3
1	9	8	3	2	4	5	7	6
6	4	2	7	8	5	3	9	1
3	5	7	9	1	6	8	4	2
5	8	9	4	6	1	2	3	7
7	2	1	5	3	9	4	6	8
4	6	3	2	7	8	1	5	9

문제 6-3

	8	9	
7	9	8	6
9	7	1	2
	6	8	

문제 6-4

문제 6-5

문제 6-6

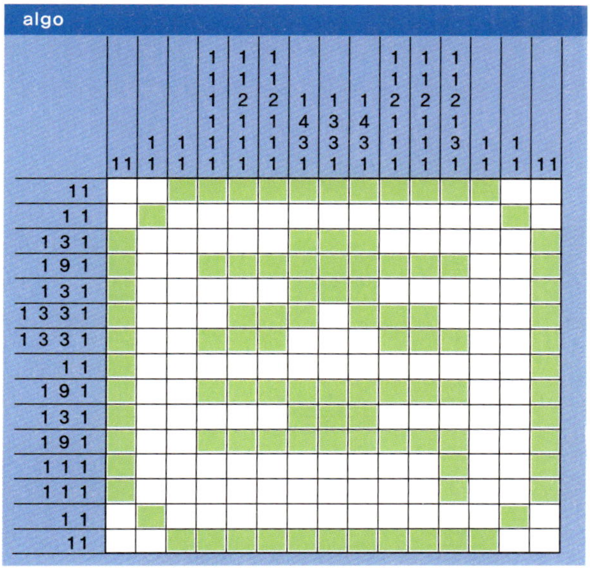

문제 6-7 농구

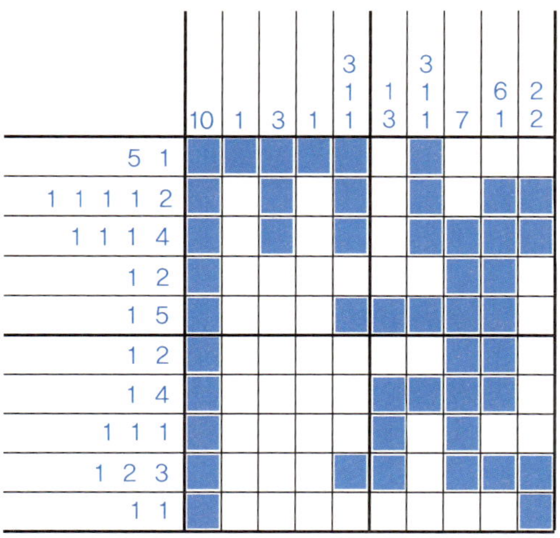

문제 6-8 역도

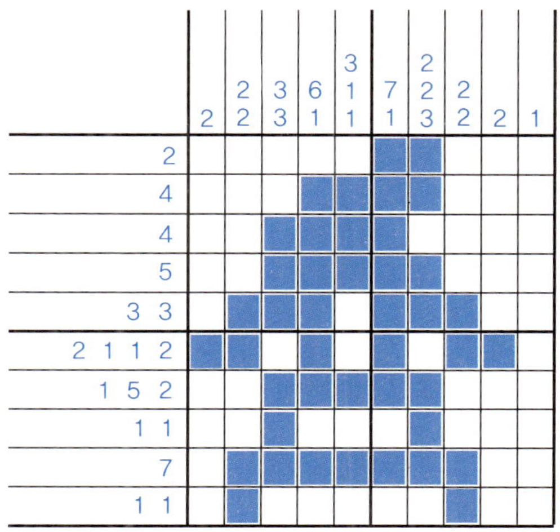

문제 6-9 답 생략함

문제 6-10 풀이과정 참조

문제 6-11 왼쪽

문제 6-12 낙타를 바꿔 타라

문제 6-13 A : 작가, B : 음악가, C : 화가

문제 6-14 2번 상자

문제 6-15 B

문제 6-16 X

문제 6-17 묶음의 개수를 고려. 부인은 15묶음, 남편은 10묶음으로 총 25묶음을 팔아 평균 12.5묶음이나, 2400원은 12묶음이기 때문에 100원의 차이가 난다.

문제 6-18 5 1 9 2 6 3 8 4 7

문제 6-19 철수 빨강색 모자

문제 6-20

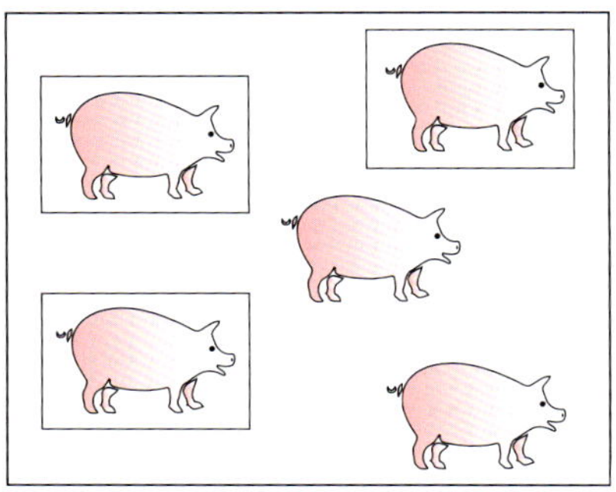

문제 6-21

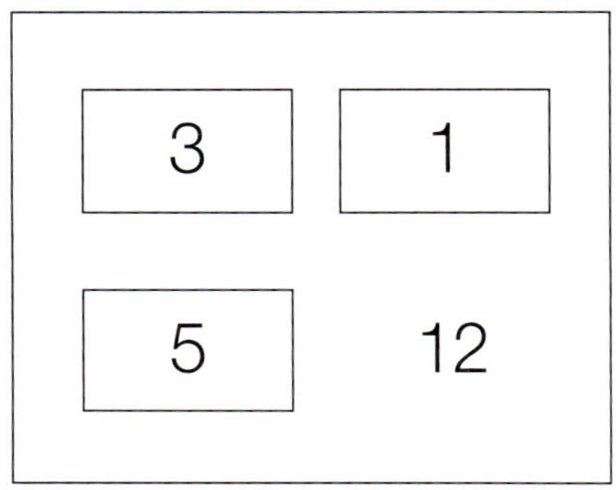

문제 6-22 15

문제 6-23 〈정확한 돈의 수식〉

30,000(원) = 25,000(원) + 3,000(원) + 2,000(원)
(주인이 가져간 돈) (돌려준 돈) (종업원 가져간 돈)

〈질문의 수식〉

30,000(원) = 27,000(원) + 2,000(원) + 1,000(원)
(3사람이 낸 돈) (종업원 가져간 돈) (사라진 돈)

〈질문의 수식〉은 그럴 듯하게 보이지만, 논리적으로 모순이 있습니다.
비교 대상이 잘못되었다. 즉, 가정이 잘못되었다.
3사람이 낸 돈과 종업원이 가져간 돈을 30,000(원)과 비교하는 것이 아니라,
3사람이 낸 돈은 주인이 가져간 돈과 종업원이 가져간 돈의 합과 비교해야 합니다.

27,000(원) = 25,000(원) + 2,000(원)
(3사람이 낸 돈) (주인이 가져간 돈) (종업원 가져간 돈)

문제 6-24 5Km

문제 6-25 9

문제 6-26 10

문제 6-27 230만원 : 금반지의 가격을 무시했을 경우,
3수정 + 수정 + 다이아 = 200만원, 3에메랄드 + 수정 + 다이아 = 140만원
위 수식에서 수정과 에메랄드의 가격 차이가 20만원임을 알 수 있고
이를 이용하여 수정과 에메랄드의 적절한 가격을 추정한 후 대입하여 풀면, 루비(110만원), 다이아(80만원), 수정(30만원), 에메랄드(10만원)

문제 6-28 6디나르
1개 1디나르씩 판 후, 나머지를 비싸게 팔아 55디나르가 되려면,
50개(49 + 1 × 6), 30개(25 + 5 × 6), 10개(1 + 9 × 6)

문제 6-29 3121

문제 6-30 2

문제 6-31 주어진 조건 ① ② ③에 의해
추론 1 : 영어는 3번째, 4번째, 5번째 교과목이 아니므로 1번째 아니 면 2번째 교과목이 된다.
추론 2 : 영어가 2번째 교과목이라면 수학이 5번째 교과목이어야 하는데, 이는 10:05분에 수학 공부를 할 수 없으므로 영어는 1번째 교과목이 되어야 한다.

시간(오후)	공부
9:00 ~ 9:20	영어
9:20 ~ 9:50	화학
9:50 ~ 10:00	국어
10:00 ~ 10:50	수학
10:50 ~ 11:30	생물

문제 6-32

	처음 금괴 수	선물을 준 대상	선물을 준 금괴의 수	선물로 받은 금괴의 수	최종 금괴 수
바비	8	리비	2	4	10
데비	7	피비	1	3	9
리비	6	데비	3	2	5
피비	5	바비	4	1	2

문제 6-33 모든 토끼에 대해 각각 1등 했다고 가정하고 거짓을 찾아야 한다.

	지난 주 순위	이번 주 순위
산토끼	1위	1위
집토끼	2위	4위
눈토끼	3위	2위
멧토끼	4위	3위

찾아보기

ㄱ

ㄴ

ㄷ

ㄹ

ㅁ

ㅂ

ㅅ

ㅇ

ㅈ

ㅊ

ㅋ

ㅌ

ㅍ

ㅎ

기타

정가 17,000원

퍼즐을 이용한 창의성 교육

2014년 1월 6일 초판 인쇄
2014년 1월 20일 초판 발행

저자와의
협의하에
인지생략

저 자 : 최 재 혁 · 조 영 환
발행자 : 우 명 찬 · 송 준
발행처 : 홍릉과학출판사
주 소 : ㊐142-885 서울시 강북구 인수봉로 50길 10
등 록 : 1976년 10월 21일 제5-66호
전 화 : 999-2274~5, 903-7037
팩 스 : 905-6729
ISBN : 979-11-5600-019-8

hongpub@hongpub.co.kr
www.hongpub.co.kr